あなたの「経験」を「通信講座」にして稼ぐ法

SELL TO YOUR EXPERIENCE

小林敏之
Kobayashi Toshiyuki

同文舘出版

はじめに

「情報起業」で新しい収入と生き方を創る

やっと景気が回復してきたというニュースとは裏腹に、個人の収入が豊かになったという話はいっこうに聞かれません。どうも企業の業績と末端の私たちの財布とは、あまり連動はしないようです。

私たちは、これからどうやってわが身を守り、なおかつ生きがいのある生涯を生きていけばいいのでしょうか?

もはや会社も政府も、私たちを守ってくれる存在ではなく、頼れるものでないことは明らかになりました。私たちは、1人ひとり、自分自身の知恵とプランと実行力とで、自分の収入を作り、人生を築きあげていかなければなりません。

では、そのためにはどんな方法があるのでしょうか?

リスクがなく、自分の経験や趣味が活かせ、なおかつ収入が得られ、人生が充実するという方法はないのでしょうか?

そんな甘い夢を見ようものなら、騙《だま》されるのがオチなのでしょうか？

諦めるしかないのでしょうか？

答えは、Ｎｏ！　です。

人を騙したり、無理に買わせたりせず、感謝され、尊敬までされながら収入をあげていく方法があります。

買ったお客様から「ありがとう」とか「先生」と言われてしまう方法があります。

もちろん、いかがわしいビジネスではありません。

このビジネスは、いままでのビジネスとは多くの点で違っています。

①まず、モノを売りません
②無店舗で可能です
③たった１人でできます
④最初に大きな資金を必要としないどころか、かかる費用はほとんどゼロに近い
⑤始めてからも大きな資金は必要としません。失敗しても大きな資金を失うリスクはゼロですから、もし失敗したとしても、また何度でもチャレンジが可能です

⑥許認可がありませんから、誰でも参入できます
⑦いままでのあなたの経験や趣味を活かすことができます
⑧利益率が80%以上あるので、ほとんどが「儲け」です

さて、このビジネスはどんなビジネスだと思われますか?
知っている人はもう始めているそのビジネスとは、そう**【情報起業】**と呼ばれるものです。

あなたは、聞いたことがあるでしょうか?
【情報起業】とは、あなたの経験してきた仕事のノウハウや知識、趣味のノウハウや知識を販売していくというものです。

あなたが当たり前と思っていることでも、他の人には大いに役立つことがあります。そうした経験から来るノウハウや知識を売っていくのです。

現代は知識や情報の時代と言われています。これまでのモノ中心の時代ではなく、知識や情報が社会の中心となっていく時代なのです。

こうした時代には、【知財】と呼ばれるように、人々の持っている知識や情報こそが財産と認定され、保護され、有料で取引されるのです。国も知的財産を日本経済の柱に位置づ

け、知財高等裁判所も設置され、『知財立国』を目指すと方針を発表しました。

これから本格的に『知財時代』に突入します。

もはや知識や情報がタダの時代は終わりました。最も大事なのは、会社でも個人でも自分が持っている知識や情報であり、これらが主役となって社会を動かしていくのです。知識や情報がタダだったのは過去の話、これからは高額で取引されるわけです。

あなたは、こうした新しい時代に対する準備ができているでしょうか？

もし、できていないなら、この本を読んでください。

あなたに、知識・情報時代におけるお金儲けについての正しい知識を持ってもらうことを目的に、この本は書かれました。

新しい時代は、まだ始まったばかりです。いま学べば、まだ間に合います。新しい収入と生き方を創るために学んでいきましょう。


さて、景気が回復したと言われるいっぽうで、まだまだ低迷が続いている企業も多くあります。企業の倒産やなかなか下がらない失業率、サラリーマン世帯の年収の伸び悩みも続いています。

年収３００万円時代とさえ言われるいま、私はみなさんにひとつの突破口として、この

私が開講した通信講座「少予算起業長者養成講座」のテキスト

【情報起業】をお勧めします。

「耐える」ことだけをおぼえて、「ゆで蛙」になるのを待つよりも、明るい夢を見ずに大切な人生を続けるよりも、**少ないリスクの情報起業で現状を打開していくこと**をお勧めします。

ちょうど2年ほど前、私は『1人ビジネスらくらく起業法』（あさ出版）という本を書きました。

この本を書いた当時、私は失業者に毛が生えた程度の身でした。勤めていた会社をリストラされ、失業のショックで入院。退院してもどこにも行くアテがなく、ビックカメラと書店と図書館ばかりを毎日毎日回るしかなかった中で、どうやってお金をかけずにお金儲けをしていくのかを徹底的に調査して、その結果をまとめたのです。

日本人が書いた初めての【情報起業】というコンセプトの本のハシリだったこともあり、無名の著者が書いた割には、メールマガジンも出さず、広告費も1円も使わず、Ｗｅｂはクリックするボタンすらない貧相なものでしたが、この本はあれよあれよと4回も増刷を重ねることができました。

本の内容を実践するために開講した通信講座「少予算起業長者養成講座」は数百名の会員が入会し、講座内容のテキストは現在15巻目にさしかかっています。雑誌や新聞コラムの執筆、講演という仕事も依頼されるようになりました。

私は自慢するつもりはありません。失業者だった私にもできたのだから、あなたにも絶対にできると申しあげているのです。

さらに、私は「みなさんにもできる」と言えるだけの根拠を用意しました。講座を学んだ会員から、この1年で以下のような成功事例が出ています。

・本を書いて出版デビューした人、またはデビューが決まった人が5人もいます
・新聞記事や雑誌に掲載された人もいます
・会員数が数百名の全国組織を作りあげた人も2人います
・６０００万円もの売り上げをあげた人もいます

「えっ、本の出版？　新聞？　雑誌？　そんなこと自分にはできない！」

そう思われた方もいらっしゃることでしょう。

しかし、そんなことはありません。これらは、まったく未経験の人たちが実現したことだからです。時給８００円のパートのアルバイトだったり、仕事を探していた普通の人たち、すべて素人の人たちによって達成されたことなのです。

どうしたら、そんなことができるのか？

その成功のためのノウハウを、私の経験と会員の成功事例の紹介もまじえながら、あますところなくこの本でお伝えしようと思います。

この方法で、あなたも年収３００万円時代を突破してください。

Contents

あなたの「経験」を「通信講座」にして稼ぐ法

1章 「情報起業」のメリットと注意点——35

2章 成功事例に学ぶ「講座テーマ」の決定方法――59

5章 自分の経験をマルチユースするノウハウ――173

カバーデザイン／志岐デザイン事務所
本文イラスト／内山良治
本文ＤＴＰ／あおく企画

プロローグ
「モノ」から「講座」へ

●みんなが持っている「モノ」なんかもう要らない！

かつては、隣の家がカラーテレビを買ったら、うちもと購入を競った。だが、それも遠い昔のこと。お隣との「モノ買い競争」にも、いまや人々は飽きてしまった。

30年前（昭和49年）には10人に1人しか持っていなかった電子レンジやルームエアコンも、いまや普及率は9割だ。

みんな、もう「モノ」は持っている。これからは、知識・情報の時代である。

これをもう少しマクロで見ていこう。

ここに、国もその将来性から知的財産戦略本部を設置して推し進めている産業がある。それが【コンテンツ産業】である。

コンテンツ市場は、インターネットコンテンツ市場だけをとっても、平成13年に2011億円だったのが、翌14年には2503億円となり、平成19年には実に2・4倍の6000億円市場になると予測されている（総務省「平成15年情報通信白書、コンテンツ・セキュリティに関する調査」より）。

コンテンツ市場は他の産業を尻目に急激に成長しており、いまや「モノからコンテンツ

コンテンツビジネスの市場規模の推移と予測

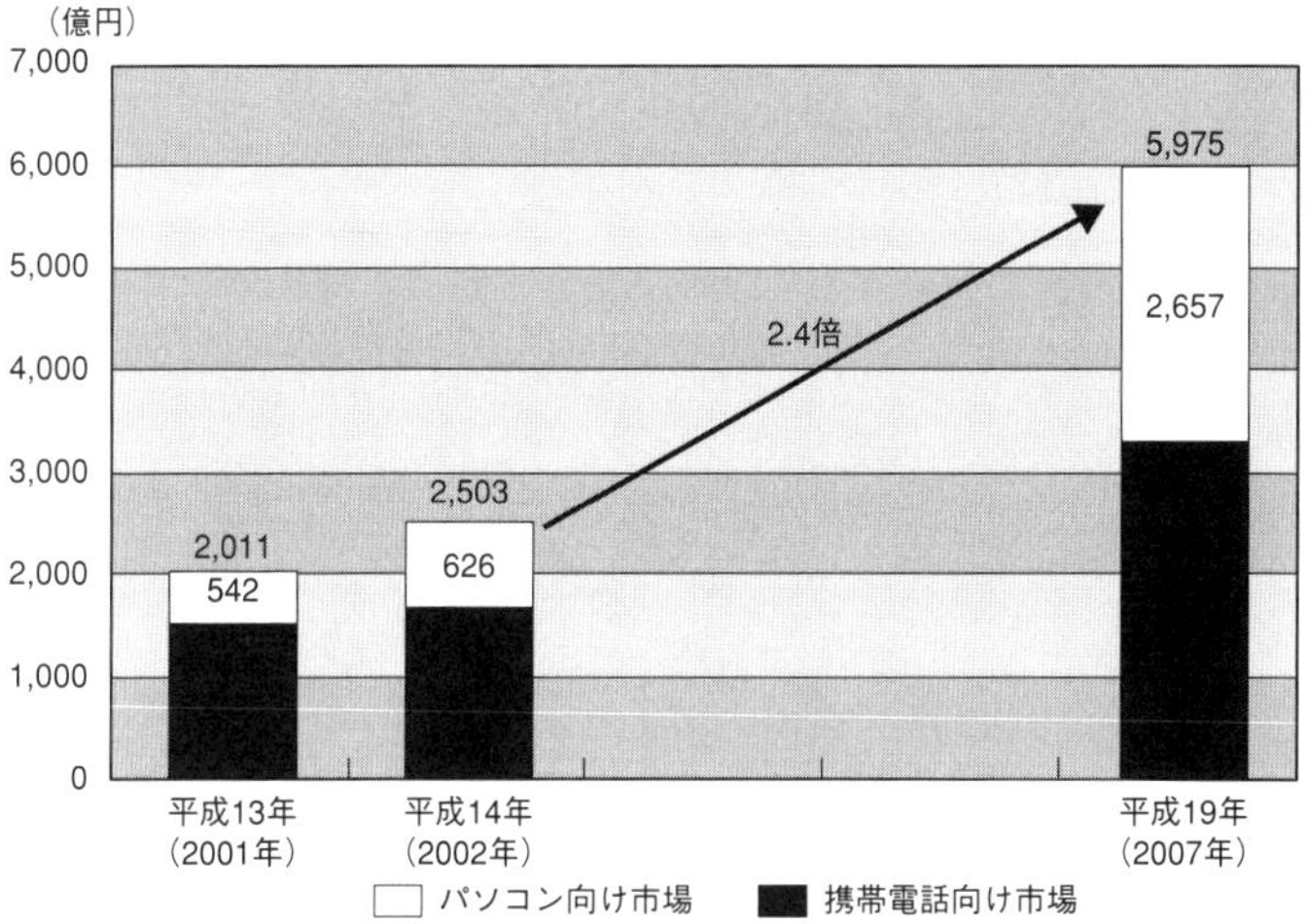

「平成15年情報通信白書　コンテンツ・セキュリティに関する調査」より

サービス支出DI（増やす－減らす）の推移（一般世帯、季節調整値）

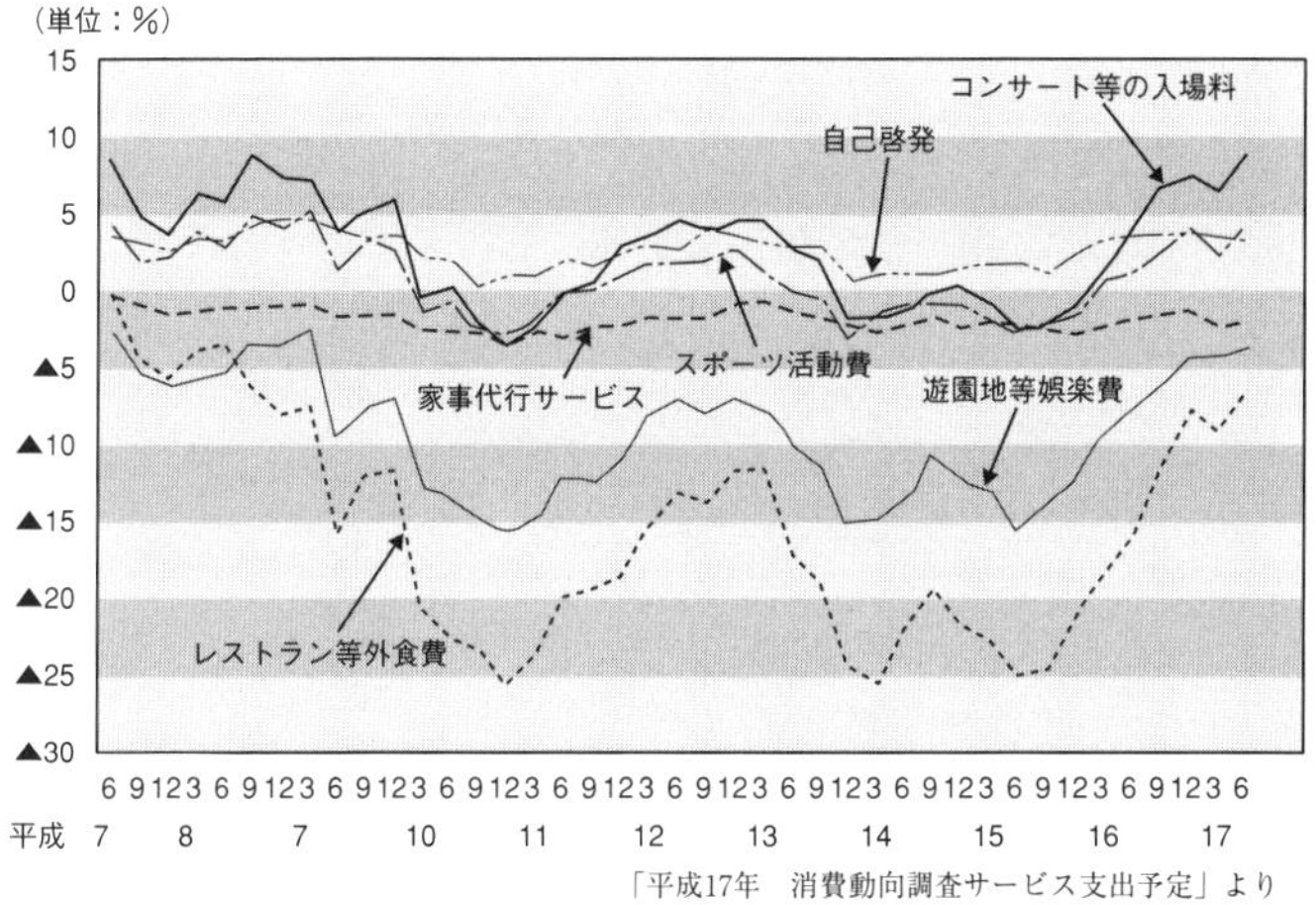

「平成17年　消費動向調査サービス支出予定」より

へ」なのである。

コンテンツ産業と言っても漠然としている。具体的に、どのようなコンテンツが求められているのだろうか？

人々がこれからお金を使うコンテンツは【自己啓発】である

ここで、もうひとつの統計を見ていただこう（19ページ下段）。

人々が何にお金を使って、何へのお金を減らすかという意識を調べた「消費動向調査」というものがある（内閣府「平成17年消費動向調査サービス支出予定」より）。

これを見ると、この10年間ずっと支出を増やすと答えられているのが**【自己啓発】**なのである。いっぽうで、減らしていきたいのは、**【レストラン等外食費】【遊園地等娯楽費】**だ。

生涯学習社会のよび声どおり、人々の支出は**〝学ぶ〟に向かっているの**である。

「学びたい」「勉強したい」というのが、人々のこれからのニーズのようだ。もっと自分を高めたい、何かをもっと上手になるためにお金を使いたいと思っているのだ。

つまり、お稽古事やキャリアアップなどの「○○講座」「○○教室」といった**【講座コン**

テンツ】が、モノに代わって売れていくのだ。

通常の商品の販売や営業では、お客の側からもっと買いたい、これからもっと買っていくと、10年間も連続して意思表示されることはあまりないのではないだろうか。ところが、「講座」については、お客のほうがもっともっと買いたいと、ここ10年来望んでいる。

こうした市場は右肩上がりで伸びていく。つまり、将来性も豊かなのだ。

無料だった知識が有料になる

昔は近所の世話好きのおばさんがお見合い話を斡旋していたが、だんだん地域の縁が薄れていくなかで、結婚情報サービス業が生まれてきた。このように、もともと無料だった情報や知識、ノウハウが有料の商品となったものは数多くある。

先輩と後輩、上司と部下、親子、近所の人間関係が薄れるなかで、教えてくれる身近な人がいなくなる。すると、ノウハウや属人情報という貴重な情報が伝わらなくなる。

情報不足、知識不足、ノウハウ不足は、実は社会にとって深刻な影響をおよぼす。若い母親による育児ノイローゼなどは、その典型的な例だ。

昔だったら「おばあちゃんの知恵」という、すぐ近くに育児コンサルタントがいたわけだが、核家族化でおばあちゃんの知恵にアクセスできなくなり、教わりたい、指導してほしいというニーズが生まれた。こうしてたまごクラブ、ひよこクラブなどにお金を払って、それまで無料だった知識をお金を出して買うようになった。

かつて**無料だった知識は、ここで立派な商品として生まれ変わった**のである。

情報・知識はますます必要とされ、有料になり、どんどん新たなマーケットを生み出していくのである。

●あなたが講座を売る立場になろう

これから伸びる産業が【コンテンツ産業】であり、人々が支出を増やすのが【自己啓発】で、具体的に買うものが【講座】だということはわかっていただけたと思う。

だとすれば、あとは、あなたがその【講座】を売ればいいだけの話だ。

この**【講座】を売ろう**というのが、カンタンに言うと本書のコンセプトだ。この本を読んで実践すれば、あなたも「講座」を作って売ることができるようになる。

最近、街中に「○○講座」という看板が増えてきていないだろうか？

いま、社会はそちらの方向に向かって進んでいる。これを私は**【講座社会】**と呼んでい

る。

では、実際に講座を販売したとすると、あなたにはどんなメリットがあるのだろうか？

まずは、あなたが「上」の立場になれるという利点がある。

想像していただきたい。講座を売った場合、あなたは受講生からどう思われるだろうか？

受講生からは「先生」と呼ばれ、感謝される。

通常の商品の販売や営業では、お客様は「神様」だ。「いらっしゃいませ」「ありがとうございました」と礼儀よくし、お辞儀の角度まで指導される。

お金を出すお客の側が「上」であり、売

る側は「下」だ。お客様の前で私語は厳禁、あくびなどもってのほかだ。

営業マンはお客から嫌われ、断られても前に進むだけの精神的タフさがなければやっていけない仕事だ。

ところが、講座の場合はそうではない。まったく立場が逆になる。

そもそも「販売」や「営業」とは呼ばない。「講義する」とか「教える」と言う。売るあなたの側は「講師」「先生」となり、買うお客の立場は「神様」ではなく、「生徒」や「弟子」である。つまり、180度、立場が逆転するわけだ。

この立場の逆転がもたらすものは大きい。

営業マンの嫌がられるストレスもなくなるばかりか、感謝され、尊敬されながら買ってもらえるのだから、こんなに精神衛生上いいことはない。プライドも満足する。

これが、講座特有の新しい関係だ。

私が市場調査会社にいた頃の話である。調査報告会と称するクライアント会社への報告のときに、いつも不思議に思ったものだ。

「なんで、こんな偉い人たちが私の話を真剣に聞くのだろうか？」

当時、私は市場調査会社に入りたてで26、27歳だった。

一流会社の重役連中が、会議室で私の到着を待っているのだ。そして、会議室に居並ぶ重役たちは、この若造の調査結果に耳をそばだてて真剣に聞き入るのである。

その会議室でたった1人の20代である私が、中心なのである。ただの小僧が、「大切な情報」を「教える」というだけで、上場会社のお偉方も「生徒」になってしまうのである。

これが「情報」を握る者の強みである。「情報」は立場を「上」にするのである。

自分の過去の経験や知識を活用できる

この講座を売るという起業法は、**あなたの【過去の体験】を売る**のである。

こんな成功体験があるとか、こんな不利な状況から挽回した経験を持っている、あるいは逆に、こんな失敗体験がある……。なんでもありだ。

実際、ヤオハンの元社長の和田一夫さんは講演や出版で活躍しているが、それらの経験は**あとから来る人たちにとって、参考になる生きた教材**なのだ。うまくいった成功体験の過去、失敗した過去、どちらも売れるのである。

おばあちゃんの知恵がなぜ役立つかというと、先に体験しているからだ。あとから生まれた人は、先に生まれた人を〝先生〟〝人生の先輩〟と言って敬うのは、この体験を持っているからにほかならない。それだけ体験情報というのは大切なわけだ。

あなたの過去の体験情報を講座にして売っていけば、仕入れ値ゼロで、儲かる。これを私は、**【講座起業】**と呼んでいる。

何をやるにしてもそうだが、右も左もわからずやったこともないことでは心もとないと思う。だが、この講座起業では、いままであなたが仕事や趣味で培《つちか》ったノウハウや知識を販売していく。つまり、あなたの過去の経験が活用できるのだ。これは大きなメリットではないだろうか。

自分が関わってきたということは、それだけ多くの時間を投資してきたということだ。その投資した時間を活かせるのは、あなたの人生にとって有意義なことに違いない。

3つの市場の可能性

尊敬され、感謝され、お金が儲かり、将来性も豊かで自分の経験も活かせるなど、講座起業のメリットについて説明してきた。

では、実際にどうやればいいのだろうか?

あなたの講座というコンテンツを売る方法は、大きく分けて3つある。

コンテンツ商品の3つのカタチ

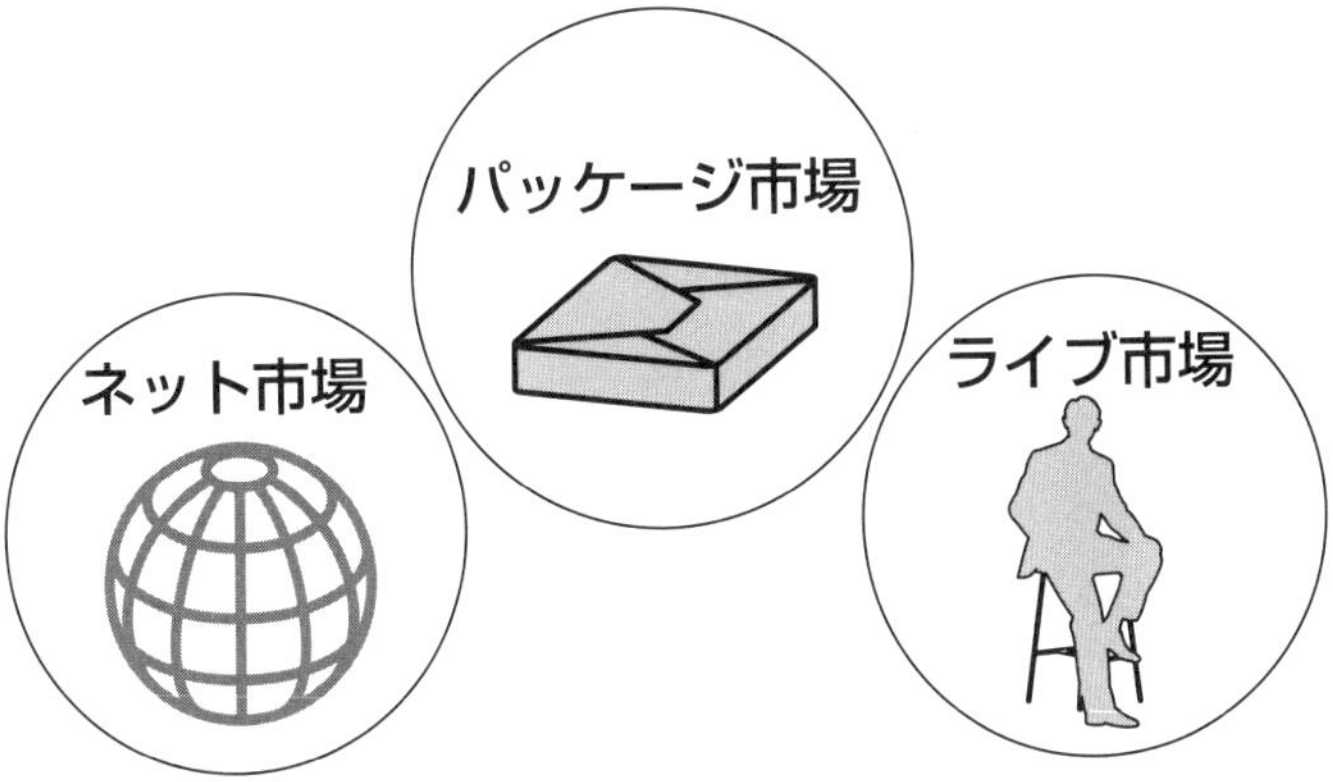

あなたを売る3つのコンテンツ市場ができてきた

（1）ライブで売る——自分が直接、相手と会う、生で接する販売形態。セミナーやコンサルティングなど。

（2）パッケージにして郵送で売る——紙などに書いたり、磁気記憶媒体に記録して郵送で販売するもの。マニュアル、テキスト、CD、DVDなど。

（3）ネットで売る——電子データにして販売するもの。メールコンサルティング、有料メールマガジン、e－bookなど。

これはアーチスト（歌手）にたとえれば、①ライブで売る（コンサート）、②パッケージで売る（音楽CD、DVD）、③ネットで売る（ネット配信）となる。

このように、せっかく知識情報商品を売る市場が存在するのに、時間を売るサラリーマン市場やモノ市場の頭のまま、まったく利用しないのはとてももったいないことだ。いまや、個人でもアーチストと同じ稼ぎ方ができるのである。

そして、そこでは、「掛け算」が働くのである。つまり、1回の労働で、大きな収入を狙えるわけである。

3つある市場のうち、どれから始めるかだが、最初のうちは始めやすい市場から始めるのがいいと思う。どこから始めたとしても、ゆくゆくは別のコンテンツ市場も手がけるようになるはずだ。

コンテンツ市場は3つあっても、それらを連動させることも可能だ。それについては5章でくわしく説明する。

3つある市場のうち、本書では主としてパッケージにして郵送で売ることを中心に話を進めていきたい。

では、これから最も身近で、誰でもできるカンタンな**通信講座形式で売る方法**を見ていこう。

「通信講座？　できるの、そんなこと？」

大丈夫、誰にでもできる。

「通信講座起業」はリスクを極限まで低くした方法だ！

もし街中で家賃という固定費を払いながら教室型の講座起業をやると、どうなるか？　最初にかかる経費が大きくなり、損益分岐点に達するのが難しくなる。それだけハイリスクになる。さらに、商圏が狭いことも大きなマイナス点である。

これを通信講座にしてしまえば、全国展開が可能だ。

通信講座で売ることには、こんなメリットがある。

・少ない資金で始められる
・自宅にいながら1人でできる
・許認可も一切不要
・原価が安い
・利益率が抜群によい（粗利率は80％を超える）
・主たる設備投資はコンピュータのみ
・資格不要、学歴不問

・一度作ると、あとはコピーだけでよい（PDFファイルであればコピーすら不要）
・通信講座テキストは比較的高額で売ることができる
・つまり、損益分岐点を超えやすく黒字化しやすい

さらには、こんな副産物も手に入れられる。

・お客が実際に成功するという成果が出る（結果が目に見えて手ごたえがある）

1人でできる通信講座起業

「通信講座起業」などというと新しく聞こえるが、実際の中身については新しいものではない。

通信講座を販売する会社はこれまでもいっぱいあった。ただし、通信講座事業を展開しているのは、会社組織が中心だった。ところが、いまやたった1人でも十分にできる時代になったのである。この点が画期的なのだ。

つまり、**通信講座事業を個人でやることを指して「通信講座起業」という**のである。

会員制情報ビジネスで成功するための8つのステップ

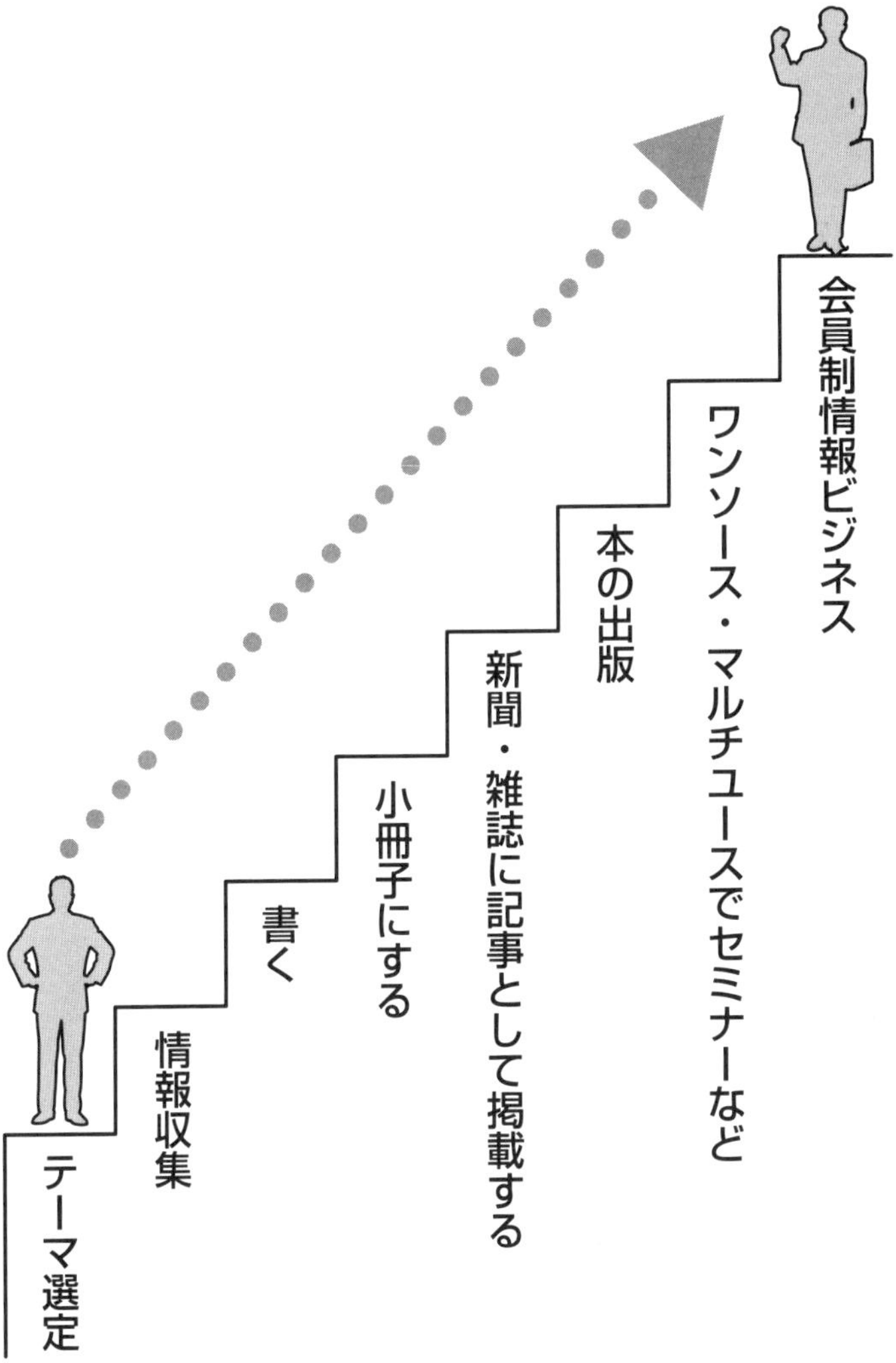

自宅にコンピュータがあれば、1人で通信講座事業を展開することができる。サラリーマンの仕事を通して得た経験や専門知識、あるいは趣味の知識でも、あなたが経験したことや調べたことなどを「○○講座」という通信講座として売ることができるのである。

おおまかな理屈は以上のとおりである。

おわかりいただけただろうか。これからも需要のある**【講座】を、自宅で1人で【通信講座】の形でやろう**というものだ。つまり、会員制情報ビジネスを1人で行うのである。

通信形式にすれば、自宅でたった1人でリスクなく始められる。満員電車に乗ることもない。アクビをしても怒られないし、お辞儀の角度をとやかく言われることもない。つまり、自由ということだ。

名誉や信用力を獲得し、自己実現できる

「通信講座起業」の特徴として、販売する際に新聞や本などのマスコミを活用した手法を取っている。そのため、少ないコストでたくさん売ることができるだけではなく、名誉や信用力も獲得できる。

あなたは新聞や雑誌に掲載され、本を出版していきながらブランド力を獲得し、なおか

つ、自分の経験を他人に伝え、「先生」と呼ばれ感謝されるという自己実現をしながら、少ない費用で売るという一挙両得どころか一挙三得、四得といった方法で売ることができる。

そして、「通信講座起業」は、こんな方にお勧めだ。

- **現在、失業中の方**
- **定年退職した方**
- **所得が少なくなってお困りの方**
- **事業がうまくいかない会社経営者やＮＰＯの方**
- **何か新しい事業を考えておられる方**
- **自己実現したい方**

最初に投資するお金が小さい「通信講座起業」は、年収３００万円時代には、まさにうってつけと言えよう。

1章 「情報起業」のメリットと注意点

人気作家が数億円の収入になる理由

少し前までは、起業したり、お金儲けをするためには「軍資金」というタネ銭が必要だった。モノを売る時代には、それこそ「お金を持っている人ほど有利」だったわけだ。

だが、情報や知識の時代と言われる現在は、戦法がまったく変わり、お金の大小は即、勝ち負けに直結するものではなくなったと言ってよい。

「ナレッジカンパニー（知識企業）」「情報隔差」「勝ち組・負け組」というキーワードは、いかに情報や知識がこれからの重要な経営資源であるかを示している。モノの時代の〝横並び〟も情報や知識の時代に移ると一転、〝隔差〟の生じる世界に突入するのは避けられない。勝敗を左右するのは、むしろ保有している情報や知識そのものというわけだ。

この重要な情報や知識を売るのだから、「情報起業」が脚光を浴びるのも当然と言えば当然だ。では、そのポイントをこれから見ていくとしよう。

まず、どうして「通信講座起業」で月に50万円稼げるというのか、その理由を説明する。

これは、非常に原理はカンタンで、誰にでもできるのだが、**掛け算が働く**ということだ。

あなたという1人の人間が、プロローグで紹介した3つの市場（①ライブで売る、②パッケージで売る、③ネットで売る）に参入することによって、この掛け算が働くのだ。

たとえば、人気作家は1冊の小説を書いて、その収入は数億円に達することがあるが、これはどうしてだろうか？　同様なことは人気アーチストにも言える。

作家の場合、1冊ヒットすれば「印税」という権利収入だから掛け算が働いて、1冊1500円の本だったら、10万部売れたら印税率10％として、150円×10万部で1500万円となる。100万部なら1億5000万円となる。

さらに、講演や雑誌などからの原稿依頼、テレビ・ラジオからの出演依頼が生じるだろう。講演収入は1回数十万円だろうから、10回で数百万円になる。映画化やドラマ化されれば、さらに収入が上乗せされるし、文庫化されれば、さらに印税が入る。

人気アーチストも同様だ。

CDがヒットすれば、作家と同じように掛け算で収入が大きくなり、さらにコンサートも満員になる。本などを出しても売れるだろう。

このように、いわゆる【コンテンツビジネス】は、1作のヒットで掛け算が働くのに加えて、波及効果的に他のコンテンツの収入も伸びていく。

作家：小説→掛け算　文庫化→掛け算　付帯収入→講演、雑誌や新聞の原稿依頼、テレビ、ラジオの出演料

アーチスト：ＣＤ→掛け算　付帯収入→コンサート、各媒体出演料

実は、**【情報起業家】**も同じ構造なのだ。

情報起業家：本の出版→掛け算　付帯収入→講演、雑誌や新聞の原稿依頼、ラジオの出演依頼、自分で開催するセミナー、自分で作成したＣＤ、ＤＶＤ、マニュアル通信教育講座→いずれにも掛け算が働く

いかがだろうか？　意外に掛け算という収入は身近に発生するのだと思われたのではないだろうか？

時間を売るサラリーマンでは、これ以上収入は増えない

はたして、自作の商品がそんなに売れるのかと、疑問に思う方もおられるかもしれない。

会社の他に3つもある“あなたの市場”

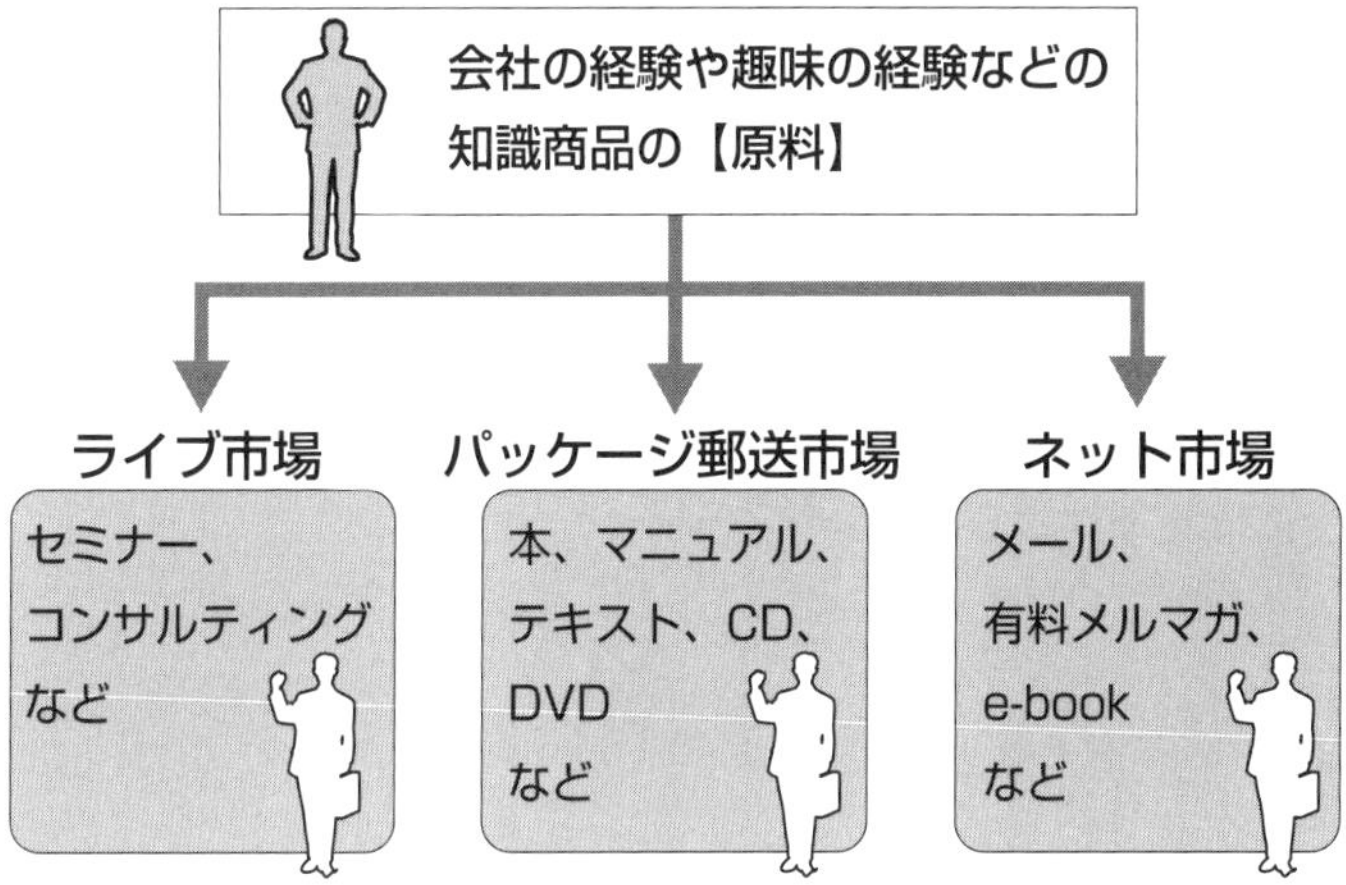

だが、売れるのだ。

いままでは、一部の作家やアーチストなどにのみ許されてきた掛け算の**【権利収入】**が、私たち一般の情報起業家にも許されるようになってきたのである。

まだ、この変化を知る者は社会全体ではわずかである。そして、これは誰にでも可能性のある「**少予算で個人で大きな儲けが狙えるビジネス**」なのである。

いままでのサラリーマンでの労働は、時間を売るものだった。したがって、ある一定以上は収入が増えることはなかった。最近は、サラリーマンでも実績に応じて収入が支払われるケースも増えてきたようだが、全体で見るとまだ少ない。

時間だけを売ることでは、なぜある一定

以上は収入が増えないかと言えば、カンタンだ。掛け算が働かないからだ。よく考えていただきたい。もしも、作家やアーチストが時間給で支払われていたら、掛け算は働かず、億万長者の出ようがないわけだ。

そして、この掛け算を利用すれば、月に50万円という金額はさほど高い目標ではないということが理解してもらえるのではないだろうか？

作家の例で見たように、掛け算や波及効果という2つのレバレッジ（てこ）が働けば、容易に収入が増す。

このように原理はカンタンなのだ。

1　印税収入（掛け算）—本の印税

2　波及効果収入—講演、雑誌などの原稿依頼、ラジオなどの出演依頼

3　自作情報商品の販売収入（掛け算）—ライブ／パッケージ／ネット

これら3つの収入を得れば、大きな収入になるのである。

きわめて低い原価、しかもノーリスク

次に、それらを得るためにかかるコストやリスクを見ていこう。

まず、本を書くのに一切お金はかからない。基本的には無料である。ただし、情報を得るためのコストや時間はかかる。しかし、店舗をかかえるビジネスのような大きな資本もリスクもゼロである。

費用面ではノーリスクと言ってよい。そして、権利収入は売れているかぎり、いくらでも不労所得として手に入れられる。

さらに、波及効果としての講演依頼や雑誌からの原稿依頼などについても、当然ながらかかる費用はゼロであるからノーリスクと言える。それらは、自分の本やＷｅｂの宣伝の役割も果たしてくれるから、お金をもらいながら宣伝をしているようなものである。

最後の自作情報商品は、自分で作成していくことから、これだけはコストが自己負担となる。しかしながら、比較で言えば、物販の仕入れなどより、はるかに低い金額にすぎない。

そして、この情報商品を売る場合には、80％以上の粗利率となることから、大きな利益

につながる可能性がある。

以上のように、情報商品・知識商品は**きわめて低い原価、リスクで始めるのが可能**なのである。

さて、費用も安い、リスクもきわめて小さい。ならば、すべての人が成功できるかとなると、残念ながら、そうはいかない。

文字どおり、商品の売り物は【コンテンツ】そのものの価値が問われるからだ。

では、どうしたら売れるコンテンツを作ることができるだろうか?

実際に、コンテンツを作っていく場合に、まずは検討しなければならないのはどういうことだろうか?

間違いだらけの情報起業、なぜ成功できないか

『少予算起業長者養成講座』からは、このところ2ヵ月ごとに本を出版する人が誕生し、成功者が続々と出ている。他の情報起業家育成団体と比べると、抜群の実績をあげているという自負がある。

では、それですべて万々歳かと言えば、そうではない。

こちらが驚くほど成功する会員がいるいっぽうで、こんな例もあるからだ。

「恥ずかしい話ですが、12ヵ月やって、まだテーマが決まらないのです」

こう言って退会や休会される方もいた。そうした会員に私は申し訳ないと思う。

いままで私は、ノウハウを提供すれば、学んだ会員はお金をかけずにそのノウハウを活用してカンタンに成功してもらえるものと思っていたが、それは私の勝手な思い込みにすぎなかった。

たとえば、マーケティングのノウハウや、お金をかけずに宣伝するノウハウをいくら教えても、最終的に知識商品という売り物を作ることができなければ何の役にも立たない。商品ができて、初めて売るためのノウハウが活きてくる。商品がなければ、ノウハウは活かすことができない。

では、なぜ知識商品を作れないのだろうか？

情報起業の最大の問題は、ここにある

講座を作り上げる過程で最も難しいステップ、90％の方が足を取られる難所は、どこだ

と思われるか？

実に**90％の人がつまずくのは、最初の【テーマ設定】**だったのである。

わからなかったのは、ノウハウではなく自分のテーマだった！

これには、私も驚いた。集計してみて唖然としたものである。

講座起業の最大のネックとなる工程は、31ページの図表にある8つのステップのうち、いちばん最初の【テーマの設定】であり、みんなは【何をテーマにしていいのかがわからない】のだった。この壁に次々とぶつかり、90％の人が足を取られた。

情報起業の最大の問題は、マーケティングではない、【テーマ設定】だったのだ。

テーマが決まらなければ、その後のすべてのノウハウがムダになる。まったく活かせないのだから、ないのも同然だ。プロフィールも小冊子も、テキストも新聞も本もすべてが機能しなくなる。

そうなのだ！

最も大事なのは、あなたの【テーマ】を決めることだったのだ。

私は、もっともっとテーマの決定について、講義や執筆をすべきだったのだ。

いままで、私たち育成側はそのことをあまり重要視することなく、もっぱら別の部分のノウハウ提供にばかり注力してきたのではあるまいか？　だとしたら、これこそがミスマ

90%の人は「テーマ設定」でつまずく

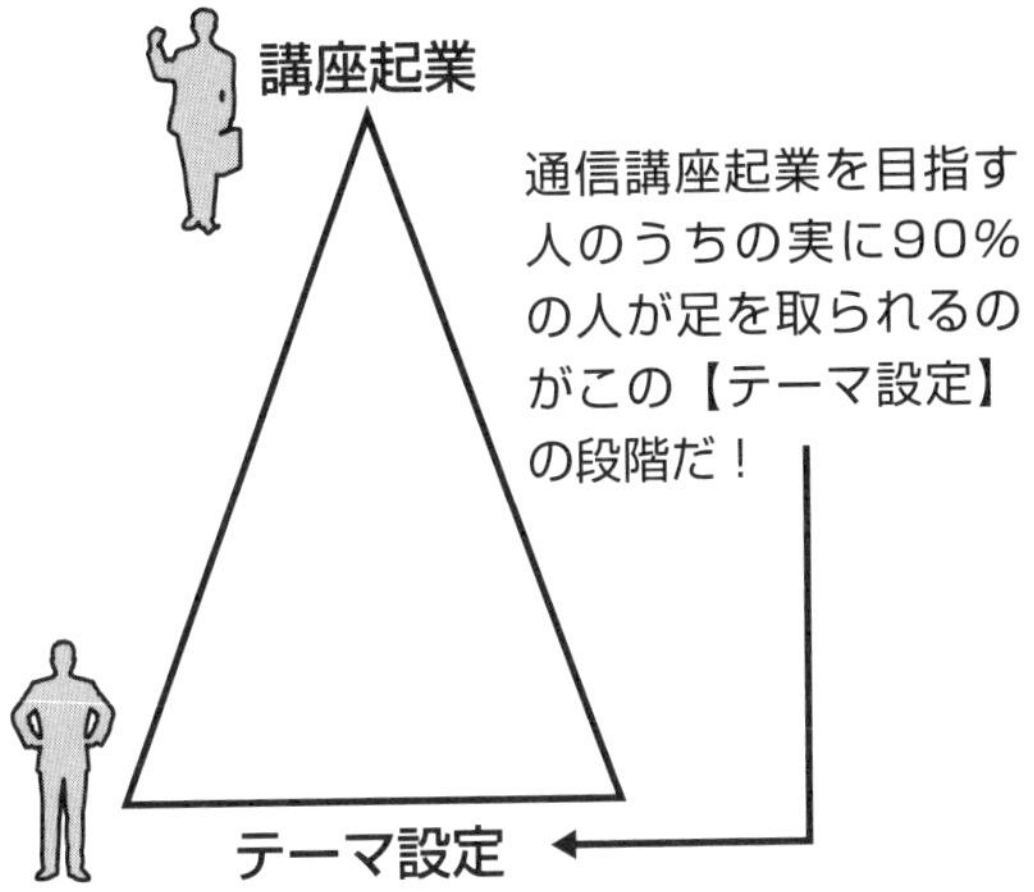
講座起業
通信講座起業を目指す人のうちの実に90%の人が足を取られるのがこの【テーマ設定】の段階だ！
テーマ設定

ッチそのものと言わざるを得ない。

そこで、本書では従来のパターンとは異なり、徹底的に**【何をテーマにするか】**の問題について書いてみたい。

なぜならテクニックはいくらでも学べるし、ある程度読者の方もノウハウについては勉強していると思うからである。

テーマ選定という、小手先のノウハウの通用しないベーシックな部分に足を取られているのに、これ以上販売テクニックを供給しても意味がないと思ったからだ。

最もボトルネックとなっている困難箇所対策にエネルギーを集中することで、講座起業を目指す人の要望により応えられるであろう。

「テーマ」は何にしたらいいのか

意外なところに落とし穴が待っていた。それは「何をやったらいいか」という問題である。

そこで、あなたの好きなこと、得意なことは何かと問うと、こんな答えが返ってくる。「自分は何を好きなのかがわかりません」「何も得意なことがありません」「他人様に売れるような経験も知識もありません」

質問の仕方を変えてみても、「自分自身の持っている資産がわからない」であった。ここで、私はあたかも心理カウンセラーのごとく「自分探し」のジャンルにまで範疇《はんちゅう》を広げざるを得なかったのである。

講座起業の最大の問題点は、この「自分は何をやったらいいのか?」なのである。

私自身が予想もしていなかった事態に当惑したものである。そこで、この課題について私なりに考えてみた結果を披露したい。せっかくの可能性が先へ進まず頓挫《とんざ》してしまうのは残念だからである。

テーマを決めるときに、いちばん大事なことは、まずは「自分の悩み（だったこと）」に焦点をあてることだ。

自分が本当に悩んでいること（悩んだこと）を直視する。そして、その悩み、コンプレックス、劣等感を「商品」として捉え直す。

つまり、自分が悩み苦しむということは、絶対に他の人も苦しいに違いない。いま現在、同じように苦しんでいる人がいる、あるいは、これからも悩む人が出てくるということだ。だとすれば、いまの自分の苦しみ、悩みは彼らのために味わっている、そうした境遇に立たされていると解釈することもできるのだ。

ピンチは最大のチャンス

事実、サラリーマン時代に私は、派閥抗争のあおりを受けて会社をリストラされ、そのショックで入院するという羽目に陥った。

だが、そのときにこう考えた。

「いまは5%と、最も失業率が高い時期だ。だとすれば、私のような理不尽な理由で、これからもどんどん失業者が増えるに違いない。だったら、私がいまリストラされ、たった1人でお金がない状況からお金を稼げるようになる方法を編み出せば、きっとあとから来

る人々に役立つはずだ」

これは、きれいごとを言っているように聞こえるかもしれないが、本当にそう思った。絶体絶命のピンチをあえてチャンスと捉えた。

これで前向きになることができた。そして、**日本初の情報起業の通信講座と、それを紹介する本が生まれた。**

当時は三重苦といった状況だったが、そうした状況に直面したからこそ、軟弱だった自分にも本を書くということができたのかもしれない。

「自分1人が悩んでいて苦しい」「自分だけが苦しい」と捉えると何も生まれない。ただわが身を嘆くことで終わってしまう。

そうではなく、「自分のこの悩みは絶対、

他の人も同じことで悩んでいるはずだ」「だったら、私が研究してまとめれば、彼らの役に立つだろう」「この苦しみは、そのために自分に与えられたネタなのだ」と捉えれば、もうそのこと自体が企画になっているわけだ。

説教くさいと鼻白む方もおられるかもしれないが、案外、人間は窮地に追い込まれても、そのように考えると脱却できたりするものなのだ。

ピンチは最大のチャンス――これは真実である。

「悩みこそ企画」である

このように考えていくと、テーマの選定はカンタンだ。

誰だって悩みがある。ということは、誰だって情報商品を企画できるということだ。

あなたの悩みを洗い出してほしい。過去までずっとさかのぼって思い出していただきたい。あなたの悩みが即、他の人の悩みでもあるはずである……。

試しに具体的に書き出していただきたい。

たとえば、こんな感じだろうか？

病気だった
友人がいなかった
いじめられた
貧乏だった
成績が悪い
親の不仲
エリートの親から異常な期待をかけられた
異性にもてなかった
身長や体重などの身体的コンプレックス
美男美女でないという劣等感
…………

まだまだあげればキリがない。
これら一つひとつの悩みは、それぞれが情報商品のテーマになり得る。実際に書店に行けば、これらのテーマについて書かれたたくさんの本にお目にかかれる。これらの本は、いつも書棚から切れたためしがない。

いまや出版業界は1日に200点以上の新刊書が刊行される。こうしたなかで、書棚から消えないでいつも本があるということは、それだけ定着した需要があるということを示している。

あなた個人の悩みは、他の人の悩みでもあるのである。だから、あなたが自分の悩みに向き合って、格闘し、調査研究して体験レポートを作ることには意義があるのである。

そして、そうした悩みを実際に経験したあなたが書いたものには、共感が得られると思う。実際に体験した者でなければ書けないものになるからだ。

そうなのだ。**「悩みこそ企画」**なのである。

他の人に役立つ体験談がある

知り合いの編集者は、私にこう話した。

「自分だったら、どんなテーマがあるだろうと考えてみた。自分は人生で2つの大きな困難に見舞われた。

ひとつは500万円かけて3年間学校に通い、鍼灸《しんきゅう》師として開業したものの、営業の仕方がわからなかったため、月に10万円しか稼げなかった。そのため、アルバイトは何でもやり、どうしたら食えるか懸命に考えた時期があった。

資格だけじゃダメ、営業のノウハウがなければダメだったのだ。結局、辞めざるを得なかったが、いまだったらどうしただろうと考えることがある。営業のノウハウをまとめれば、かつての自分と同じような立場の人に役立つのではないか、売れるのではないかと思う。

もうひとつは、43歳のときに脳梗塞に罹ったことだ。

脳梗塞といえば、一般的には老人の病気として捉えられていたから、体験談などの情報も老人のものしかなかった。自分と同じような年代の情報は何ひとつなかった。当時はこのまま死ぬのではないか、また再発するのではないかと1人で不安におののき、ずいぶんと苦しかったことを覚えている。

こうした経験をもとに、若い人の脳梗塞の体験談を出せば売れるのではないかと考える。健康法やサプリメントなどの情報や、苦しかった状況をどう乗り越えたかといった自分の体験をまとめれば役立つのではないかと思っている」

いかがだろうか？　体験談がまったくない特殊な経験、異常な体験というのも他の人には役立つものになるのである。

「これが面白い」と発信してみる

ここまでは悩みに焦点をあてたものを考えたが、実はもうひとつテーマ選定の方法がある。

それは、あなたが面白くて面白くて仕方がなかったもの。これも、あなた同様に他の人も面白いと思うかもしれない。

自分が面白くて学んだ豊富な知識を、世間に向かって「この指とまれ」と宣言してしまうのである。すると、面白いことに「とまる」と応えてくれる人が現れる。

これは、いままでの地縁、血縁、職業の縁などと違って、我慢しなくても同じ価値観で結び合う「情報縁」「嗜好《しこう》縁」「趣味縁」のようなものだ。これこそ、社会学者ピーター・ドラッカーが『ネクスト・ソサエティ』で「新しい社会は歴史上経験したことのないものであり、経済よりも〝社会が変わる〟」と書いたものだと思う。

いくらネットで世界とつながっていても、まずは「私はこれが面白いと思う。同じ趣味の人はこの指とまれ」と発信しないかぎり、コミュニティはできようがない。まずは、発信ありきなのだ。市場調査をするよりも、誰もいなくても、あなたが発信すればそれに応えて仲間がやってくるのである。

こうした趣味のテーマも今後は有望だろう。

テーマは「あなたの中」にある

いずれにしても「知は力なり」である。悩んでいた人には体験談や対処法、ノウハウが暗闇に光明を照らすほどの価値あるものになるだろうし、同じ興味・趣味に手をあげてくれる人には同士のような感覚が芽生えるだろう。

悩みに関しては「転んでもタダでは起きぬ」という言葉があるが、「転んだらそれをテーマとせよ」と言いたい。これが「共感」となり、知識を中心とした輪ができるに違いない。

このように、テーマはもう「あなたの中」にある。だが、あなたの認識を変えないと見えてこないということなのだろう。

発明がその人の不便を解消するアイデアであることは多いが、情報商品もまったく同じということができよう。

ポイントは「悩みはマイナスである」という思考の枠を外してみることだ。正しくは**「悩みこそ商品のタネ」**なのである。

そして、少し先回りしてしまうが、自分の本当に困った悩みを商品にした場合、予想もできないご褒美《ほうび》を手にすることができる。それは、相手からの感謝である。「どうもありがとう」。暗い道を1人で歩いていた人に、あなたは灯を与えることになる。そして、あなたの助言は一歩先を不安に感じている人を勇気づけ、アドバイスする。売れる体験情報には、どんなものがあるだろうか。あなたにもきっとあるだろう。

マイナスからプラスに転じた経験はないか

私はサラリーマンをリストラされた身だ。でも、いまではそれをありがたい、もっと言うと「武器」だと自分では思っている。

なぜなら、世の中から見て「底辺」まで落ち、そこから食えるようになったノウハウということは、誰にでも役立つノウハウだと思うからだ。言ってみれば、私自身がみなさんの人体実験の役割をしたとも言える。

このように、自分にとっていちばんマイナスだと思えることが、最大のテーマ選定のポイントになったり、セールスポイントになったりすることがある。

「自分には何もない」と言う人はぜひ、自分の最も弱い点、最もマイナスな点に目を向けてみることをお勧めする。

・最初できなかったことができた方法
・さんざん悩んだことが解決した方法
・苦しみから脱却できた方法
・時間が短縮できたこと（近回り、抜け道）
・楽にする方法（自動化）

こうした視点から、いままでの自分の体験・経験を振り返ってみると、きっと何か見つかるはずだ。

売れる能力・ノウハウを見つけるポイント

その他にも、売れる能力・ノウハウを見つける観点をあげておこう。
たとえば、次のようなポイントから探してみてほしい。

「人からずっと聞かれてきたことはないか」

あなたが、なぜかよく他人から聞かれることはないか思い出す。これは、自分にはカンタンでも、他人にとっては苦手なことである可能性が高い。さらに、よく聞かれるということは、それだけニーズがあるということでもある。

「珍しい体験はないか」

珍しい仕事をしていたら、その体験がそのまま商品になる可能性が高い。

私はある協会に勤めていたが、このときのノウハウなどは珍しがってもらえる。あるいは、建築模型のプロがいるが、こうした特技は売れる。なぜなら希少性があるからだ。

「それができなくて困っている人が大勢いること」

逆にニーズのほうから探してみる方法もある。大勢のニーズがあることを自分は解決できるだろうか？　他人の欲望にフォーカスして探してみよう。

「お金を出しても知りたいことか」

自分の体験の候補が見つかったら、今度は売れそうかどうかチェックしよう。これは、お金を出してもいいと他人が思ってくれるかどうかを予想してみる。その際、相手はどれくらいいるかをあらかじめ検討しておくことも忘れずに。要するに、商品の企画段階にあたる部分をキッチリしておこう。

「他人に参考にしてもらえるだけ深いか」

あなたの経験を商品として売る場合、あなたの経験自体の商品価値はどうか？　体験は示唆に富むか、参考にしてもらえるだろうか？　経験は豊富だろうかチェックする。

反対に、本で読んだだけの知識だったら、どこかでボロが出るし、実際の体験がないと深みも重みもないから説得力がない。誰でもアクセスできるため希少性がなく、オンリーワンでもない。こうなると商品にはならない。

2章

成功事例に学ぶ「講座テーマ」の決定方法

できなくて困っている人に向けて——松田さんのテーマ

まずは、手始めに、「少予算起業長者養成講座」の受講会員の具体的な事例を見ていくことにしよう。彼らはどうやってテーマを選んでいるのだろうか。

それぞれの事例をもとに考えていくことにしよう。

松田さんは、〝スーパーマネキン〟という異名のとおり、7時間で100万円分のイチゴを売り切った凄腕のマネキン（実演販売員）。そのアイデアたるや、さすが演劇をやってきた人ならではの驚くべきパフォーマンスである。

たとえば、キュウリを売るとすると、普通はただ「おいしいキュウリが今日は安いですよ〜」と声高に叫ぶのが一般的だ。しかし、松田さんは違う。浅漬けのセットを準備して三角巾と割烹着《かっぽうぎ》姿で、キュウリを入れたシェーカーをひたすら振るのである。

「あら？　何？」と、次第に見物人は増えていく。そして、浅漬けとなったキュウリを試食させる。結果は……完売となる！

その見事な売りさばき方には、たくさんのアイデアが詰まっており、なかなかできないことである。そして、その「売り方」は食品だけでなく、広く営業全般にも応用できるのではないかと、松田さんは考えたのである。

ここで松田さんはテーマを見つけるにあたって、1章で紹介したポイントのうち、次の2つの選定法に沿って、テーマ設定をしている。

①マイナスからプラスに転じたことはないか
②それができなくて困っている人が大勢いること

②のできなくて困っている人、つまり「売れなくて困っている人」は大勢いるはずだ。そこで、「売れなくて困っている人」に向けて、売るための解決法を書いた本『売れる営業の法則』（ダイヤモンド社）が誕生したわけである。

自分では、もうできていることでも、まわりでは、まだまだできなくて困っているということは、そこにニーズがあり、テーマにすることで人に喜ばれる結果となる。

それは、なにもだいそれたことである必要はない。

たとえば、自分はすごく悩みやすい性格だとする。いつも小さなことにクヨクヨと悩み、明るく快活になれないとする。親子、兄弟、友人関係などほとんどすべての人間関係にス

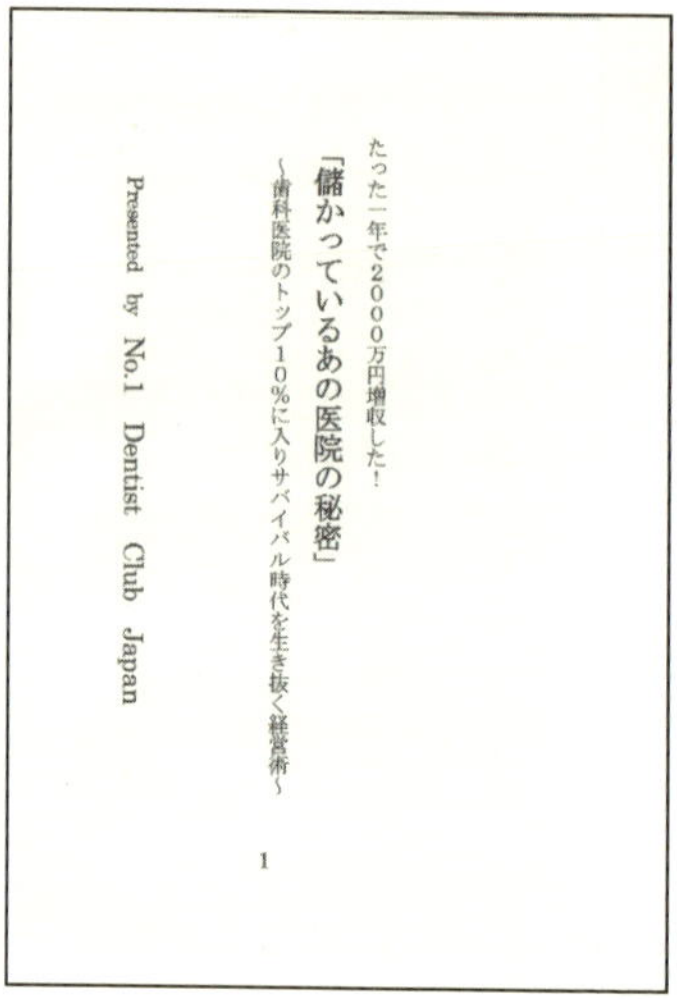
たった一年で2000万円増収した!
「儲かっているあの医院の秘密」
~歯科医院のトップ10%に入りサバイバル時代を生き抜く経営術~
Presented by No.1 Dentist Club Japan
1

松田さんが出版した本と小冊子

トレスを抱えているとする。一般的にとらえると、これは明らかに〝マイナス〟である。自分は他人のように明るくなれないわけだから。

そして、あれこれと思い悩み、いろいろな本を読んで悩みの旅をさまようとする。これは、自分の悩みを解決するためであることは言うまでもない。どんどん深みにハマって古今東西のいろいろな心理学の本を読んだり、実際にカウンセリングを受けたりする。いつの間にかありとあらゆる理論が自分の頭の中につめ込まれていく。

さあ、いかがだろう。まだ〝マイナス〟なのだろうか?

あるいは、そうかもしれない。だが、こうして自分で悩み、考え、研究した成果を聴きたい人が現れるかもしれない。案外、心理学者は自己治療の末になる人が多いのではないだろうかと、私などは見ているのだが……。

松田さんに戻ろう。

松田さんは、次にパートナーと組んで歯科医向けにスタートさせた「ナンバーワンデンティストクラブ」での成功と、先の出版の成功とを合わせることで、時給８００円の販売員からビジネスの成功者へと登りつめたことを『30歳までに美貌とお金と幸せを手に入れる仕事術　ミリオネーゼセレクション』（ディスカヴァートゥエンティワン）という本にして出版したのである。そして、さらに若い女性向けに「日本ＯＬ知的創造力向上委員会」を設立した。つまり、**時給８００円の売り子というマイナスから著者、ビジネスオーナーというプラスに転じた**わけである。

松田さんは一つひとつを必ずテーマとして、次に進んでいるのである。テーマとして選んだもので成功し、必ず次へと続けていく素晴らしい例と言えよう。

●経験は生きた教材になる――澤田さんのテーマ

澤田さんは、行政書士受験のときの経験と開業後の経験を、あとから続く学生に向けて

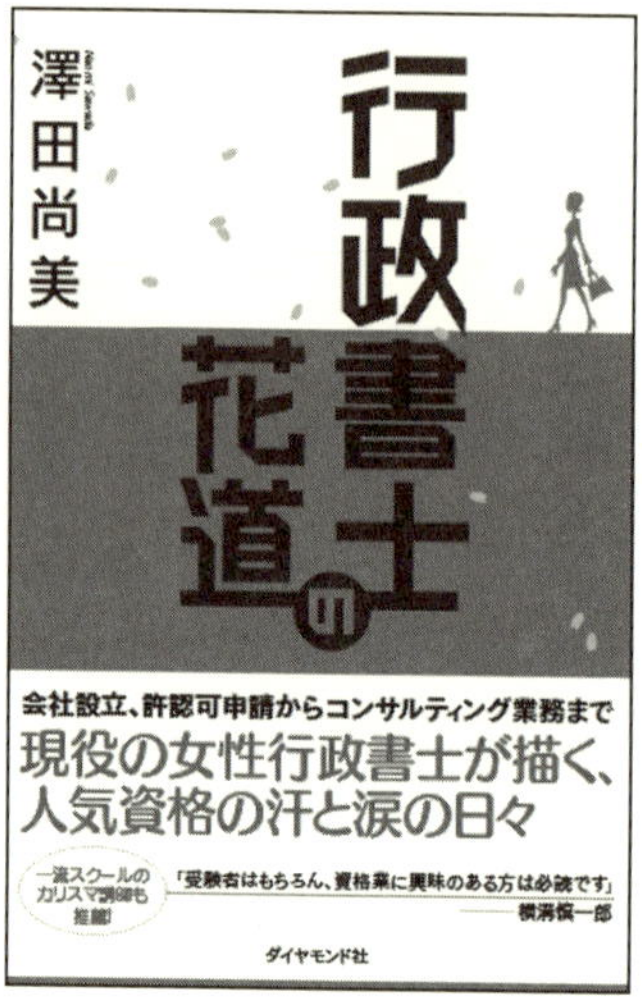

澤田さんが出版した本

専門学校などで教えている。

　経験したからこそわかる、最良の勉強法や受験法。そこには経験者だからこそわかる「あのときこうすれば……」がプラスされ、より改良されるので教えてもらう側には、実践的で生きた情報となるのである。

　現在のあなたを振り返ってみて、これは他の人にとって参考となるのでは？　と思えるものを洗い出してみてほしい。それは、澤田さんのような資格である必要はない。「日経新聞の読み方」というセミナーが女性を対象に人気のように、題材は本当に広いのである。

　育児、ダイエット、整頓方法、家庭菜園、集客……自分なりにこれは知らない人に教えてあげたら、相手は有料でも「得をするはず！」と思えたらＯＫである。

　自分では人に教えるようなレベルではないとあきらめないでほしい。知らない人にとっては、あなたが当たり前と考えることでも、「なるほど」とうなずいてくれるような貴重な情報となるのである。

澤田さんの場合は、セミナーだけにとどまらず、行政書士の仕事がわかるようにストーリー仕立てにした『行政書士の花道』（ダイヤモンド社）という本を出版した。それによって、さらに講演などの依頼が増えた。そして、その出版という経験をもとに、今度は本を出版したい人に向けて、そのコツをセミナーで教えている。

先ほどの松田さんとも共通するが、**経験の種類だけ〝あなたの商品〟ができる**のだ。重要なことは、自分の何を商品にするかを決めることである。

澤田さんのように行政書士をしている人は、他にも多くいるが、「行政書士の経験をノウハウにしよう！」と自分で決めることで、初めて商品となるのだ。同じ行政書士の方で、情報起業もしたいと考えていたとしても、それをコンテンツにしようと決めないかぎりできないわけである。

自分にとって当たり前と感じるばかりに、テーマに気づけない人が多いのである。

相談されたテーマを講座化する――池田さんのテーマ

池田さんは、「ルカ」という名前で25年間にわたって占い師をやっている。タロット占いと西洋占星術を融合した「アスタロ占術」は、池田さんが独自に開発した占術法だ。

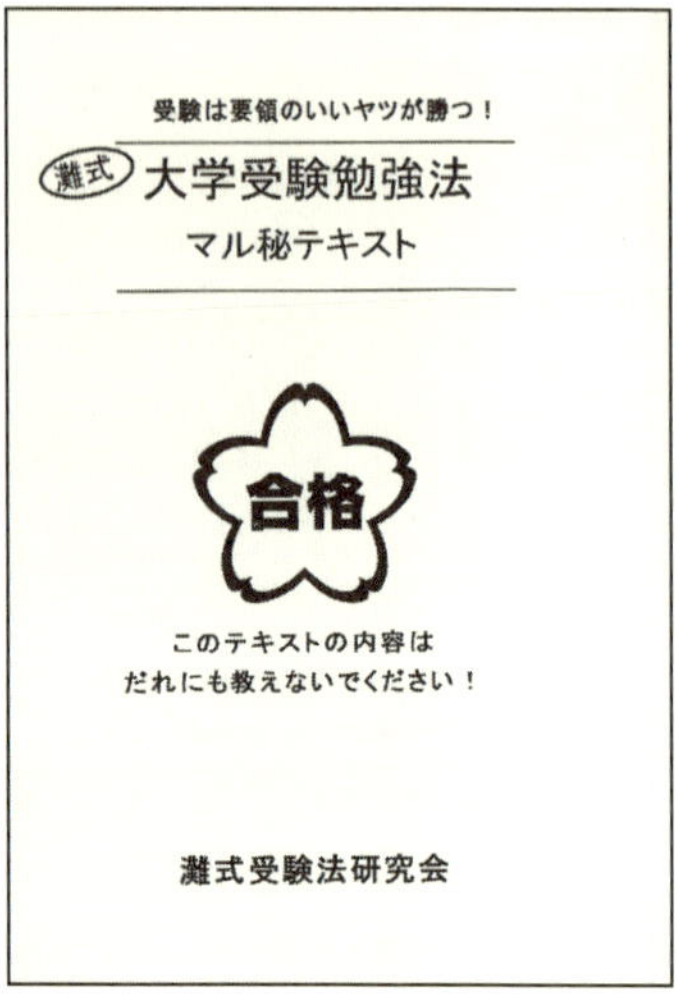

池田さんが作ったテキスト

独自に編み出した、この占術法を伝授すべく「秘伝アスタロ占術師養成講座」を開講した。

その他にも、「灘式大学受験勉強法マル秘テキスト」という、大学受験の勉強方法を書いたテキストも作った。

これは、高校の先生や塾の先生が教えてくれない大切な勉強方法を教えたもので、自分の大学受験のときの体験を【原料】として作成している。占いで、お子さんの大学受験のことを相談される機会がたびたびあったため、勉強法をテーマとしたテキスト作りを考えたと言う。

ここで着目していただきたいのは、相互には関連のない2つのテキストが作られていることだ。

占いのテキストの場合は、職業として25年のキャリアがあり、ジャンルとしても人気でもあるので、それをテーマにした講座にすることはわかる。いっぽう、「灘式大学受験勉強法マル秘テキスト」は、占いの相談で悩みをうち明けられるなかで、見つけ出したテーマと言える。いわば派生的に作られたと言ってよい。

ここで重要な点は、誰でも当たり前にこのようにテーマにできるかという点だ。つい見過ごしてしまうのではないか？

あなたの中に眠っている数々の経験を、テーマに変えるためには、人々のニーズに敏感となっているか、ヒントとして受け取る問題意識があるか自分をチェックしよう。もしまだテーマが決まらない場合は、他人の相談にのっていくことでテーマとなり、あなたの講座となっていくかもしれない。

お金を出しても知りたいこと――西川さんのテーマ

西川さんの職業は行政書士であるが、その他にもFP（ファイナンシャル・プランナー）・宅建・簿記・シスアドなど25以上の資格、免許を取得し、40代に入ってからの約2年間に5つの国家試験を取得した〝資格取得の専門家〟。

西川さんは、それらの資格、免許取得を通してある結論に達したと言う。「合格」に必要なものは「脳力」と「戦略」……。その独自に編み出した資格・免許取得法を「記憶脳の生かし方」「記憶脳の創り方」「あなたの知らない資格戦略」という3冊の小冊子にまとめた。

まず、25以上の資格・免許を取得しているという体験は、テーマとして非常に説得力がある。そんなすごい数の資格取得者のノウハウは、どのようなものだろうかと興味を抱かせるに十分だ。

また、資格を取りたい人にとっては、すごい数の資格を取ってきたその方法を知れば自分にもできるのではないかと思わせる力があり、**お金を出しても知りたい**と思わせる。

他人よりも抜きん出ているものは、やはり説得力がある。自分の中で、これは結構ズバ抜けていると思えるものがあれば、そのままテーマとして据えることができるだろう。

すごい数の本を読んできた、全国の美術館に行ったことがあり、すべてについてくわしく知っている、○○の分野についての収集数については自分の右に出る者はいないなど、圧倒的な数、経験があるものがあれば、テーマとして成立しやすい。

他の人から「それはすごい！」と歓声をあげられたら、それはテーマになりやすいと言える。

趣味を講座テーマに選択――青山さんのテーマ

青山さんは、テーマの選定に悩んでいた。

それまで学習塾を経営していたから、「大検講座」がいけるのはわかっていた。また、趣味で「古代日本朝鮮関係史」をずっと研究していたが、これでお金を稼いだことは1回もない。はたして、自分の趣味の研究がお金を取れるレベルなのかどうかもわからない。

なによりも、古代日本朝鮮関係史に需要があるのかもわからなかった。だが、大検だったら確実に需要があるのは明らかだった。

「いったい、どちらのテーマにしたらいいでしょうか？」

青山さんは私に何回も訊ねた。

だが、それに対し、私は明確な返答を避けた。なぜなら、自分で決めてほしかったからだ。

需要は確実でそれまでの経験でポイント

青山さんが完成させたテキスト

もわかっているものをテーマにするのか、それともまったくお金を稼いだこともない趣味で続けたテーマを取るのか？　それこそが青山さん自身の、大げさに言えば、人生の価値観の選択だと思ったからだ。

ある日、青山さんは言った。

「古代日本朝鮮関係史をテーマにすることに決めました」

私は一瞬、「大丈夫かなあ」と心配になった。アテのない航海を選択したわけだからだ。韓流ブームだとは言え、それがうまく影響してくれればいいが……。

心配をよそに、福井新聞と神奈川新聞が青山さんの小冊子の紹介記事を掲載してくれて、何とか無事入会者も出て、最初の船出はかなった。これからは、本の出版を狙ってさらなる拡大を目指していただきたい。

青山さんの場合は、経験よりも趣味、つまり「好きを取った」テーマ決定だった。

人間の一生は時間だ。それまで、その人が何に時間を投資してきたかが、その人を創る。過去に費やされた時間がテーマに大きく影響する。

青山さんの場合は、職業と趣味と2つのことに時間を費やしてきて、テーマ候補が2つあったわけだ。通常であれば、過去の経験で勘所がわかっていて、お金になりそうなほうをテーマにするのが常道であることは言うまでもない。

しかし、それだけではない。人生の残された時間を何で過ごしたいかも重大な決定要因なのだ。

人は職業人でいるときだけが自分ではなく、それ以外のときの自分もまた自分である。

これから先の時間を最も費やしたいと思うものをテーマにするという選択もあるのだと思う。

素晴らしいノウハウや趣味の深い知識などのコンテンツは売れる

それぞれの人のテーマ決定のポイントを見てほしい。

当然だが、テーマは各人各様である。

また、これは間違いやすいのだが、市場自体が大きいか小さいかというのはそれほど意味がない。overture のキーワードツールを使ってよく検索キーワードに使用されるのは何かとか、メールマガジンの購読者数や産業の市場規模を検討して市場が大きい小さいと言う人がいるが、それはこと「通信講座起業」に関するかぎりナンセンスなことをしている。

なぜなら、どんなに大きな市場が目の前に広がっていても、あなたがそこに必要とされるドンピシャのコンテンツを投入できなければ、絵に描いた餅にすぎないからである。つまり、大きな市場があっても知識やノウハウという商品投入がうまくできないからである。

たとえば、ガンという病気を治せる方法があれば、それはまたたく間に売れるのはわかっていても、いざコンテンツを書こうと思っても書けないはずである。つまり、市場ニーズとあなたの持つコンテンツが一致しない結果になるからである。

素晴らしいノウハウや趣味の深い知識などのコンテンツが、まずありきである。そのうえでマーケティングの出番だろう。

あなたの講座テーマを見つけなくさせる3つの落とし穴

ここで、私が指導していくなかで遭遇した、テーマを見えなくさせる典型的な3つの落とし穴を説明したい。

具体的には、次の3つである。

1 「自分には他人に教えられるような誇れる知識なんてない」という思い込みの落とし穴

2 外側ばかりに目がいってしまうという落とし穴

3 前ばかりに目がいってしまうという落とし穴

この3つの落とし穴について、くわしく説明していこう。

「自分には他人に教えられるような誇れる知識なんてない」

まず、多くの人が異口同音に口にするのは、次の言葉である。

「私は○○も失敗し、転職も○回してしまい、○○もうまくいきませんでした。取得したものと言えば、○○という資格ぐらいなものです」

こうした、他人に誇れるものが自分にはないという悩みは多くの人が口にする。

この前提になる考え方をよくよく見ていくと、「失敗」にばかり焦点を合わせていることがわかる。

うまくいかなかったことやできなかったこと、失敗したことばかり思い出している。そして、失敗した中身を見ると、大学受験だったり、公務員試験だったり就職だったりだ。

つまり、みんなにできることが自分は苦手だと言っているわけである。だから自分はダメなのだと言う。

ところが、会員のNさんは小さく書いていたのだが、実は手先が器用で、フィギュアや建築模型を作るのが得意で、○○建築模型士という資格を持っていた。それはある通信教育会社のもので、日本でもごくわずかの人しか持っていないものだという。こんなに強いものを持っているにもかかわらず、当のご本人は「自分には他人に誇れるもの、教えられるものなどひとつもない」と言っているのである。

これは、話があべこべなのだ。

このNさんのケースは、画一化教育の弊害と言える。ゼネラリストとしてすべてのことを平均的にできることを社会から要求されてきた結果、そうした試験に落ちたことがトラウマとして残り、肝心の自分が優れている点を見えなくさせていたのである。

これだけ世間で、オンリーワンや個の時代と叫ばれているにもかかわらずだ。

「売れるもの」というのは「偏ったもの」である。

「他人と大きく違ったもの」が売れるのである。

なのに、自分が平均的でないことを悔やむ。

まったくあべこべなのがおわかりいただけるだろうか？

しかし、こうした例は多い。自分は多数派じゃないと悩むより、わずかしかいない少数派であることを武器だと気づくことである。

それこそが売り物であり、テーマになり得るものだと考えを改めよう。

平均的なものには価値がない。偏ったものにこそ価値はあるのである。

外側ばかりに目がいってしまうという落とし穴

Mさんは、自分自身のことには目を向けず、ひたすら外側ばかり探し続けていた。入会して毎月テキストが送られてくるものの、相談内容は、いつも決まって「私は何をやったらいいでしょう?」だった。

新聞に半導体が未来産業だという記事があれば「半導体をテーマにするには?」と考えるし、海外翻訳だと聞けば「自分も海外翻訳をするには?」と考える。

だが、どうもいつも地に足がついていない感じがしたものだ。それもそのはず、毎回そのときに目にした新聞や雑誌や本に書いてある情報を、そのまま「自分がそれをやるには?」と質問していたからである。いわば選んだテーマと自分自身との〝接点〟が最初からなかったわけである。

半年も過ぎたある日、いつものように電話相談に出たMさんは、そのときばかりはいつもと違っていた。

「私はずっとパーティの企画や司会をやってきて喜ばれていたんです。友達にもいつも

『パーティを開くときの場所はどうやって探せばいいんだ？　食事や飲み物はどうやって手配すればいいんだ？　司会は何をすればいいんだ？　パーティを盛り上げるのは、どんなイベントをすれば喜ばれるんだ？』などと質問を受けてきましたが、自分でも『なんで友人はこんなことがわからないんだろう？』と疑問に思ってきました。
　よく『他人から尋ねられることをテーマにしろ』と言われますが、このテーマはどうでしょう。好きですし、ずっと続けていけそうなんですが……」
　いろいろあっちへ行ったりこっちへ行ったりしたあげくに、彼はとうとう**「自分の中」を探して見つけた**のだ。Mさんにとって、自分の講座のテーマが決定した瞬間だった。

「おめでとう。とうとう見つけたね。それでいいんだよ」

そう言うと、彼は「えっ？　そうなの？」という感じで驚いていた。

なぜ、みんなはこんなカンタンなことを自分に聞くのだろう？

自分にとってはカンタンなことなのに、どうしてみんなはそれができないのだろう？

こういうことがあったら、それがあなたの特技である可能性が高い。そうすれば、そこからテーマを決定していくことができる。

いままでさんざん考えても、日経新聞はじめ、雑誌や本を読んでも、Ｗｅｂでキーワードを調べても出てこなかった**テーマは、「自分の中」にあった**のだ。

最先端の技術でもなく、みんなが求める流行のものでもなく、アメリカで騒がれているものでもなく、本に書かれていることでもなく、自分がやるべきテーマは「自分の中」にあったのだ。

探しても見つからなかったテーマは「自分の中」にあった！

これをよく考えてみよう。

Mさんはパーティの開催が得意だった。焼肉パーティとか結婚式の二次会パーティをしょっちゅう開催して、みんなを喜ばせることが大好きなのだ。

テーマは、最初からMさんの中にあったのである。

しかし、見つからなかった。自分にとっては、そんなことは当たり前すぎて「テーマではない」と考えていたからだ。それが、「そう言えば、よく他人からパーティのコツを聞かれることが多いよなあ」と思い出し、ひょっとしたら、これが自分のテーマなのかもしれないと思った。

このように、本人にとっては当たり前、価値はないと思っているものでも、他人からすれば貴重な情報ということがある。自分は得意、他人は不得意、これこそテーマとしてうってつけと言えるであろう。

これは、実は大会社でもよく起こす間違いなのだ。

市場調査ばかりして、まったく門外漢の分野にお金と人を投入して参入していく。しかし、しょせん素人であるため、長く経営できないで途中で挫折してしまう。

こういった例は枚挙にいとまがない。第三セクター方式の遊園地などはこうした典型的な例である。

なぜ、これが失敗するかと言えば、ずばり経験がないからだ。

これはコアコンピタンス、つまり企業にとっても経験や、ずっとやってきたことによるノウハウがなければ、経営はうまくいかないということを示している。

個人でも、市場調査ばかりして、自分自身のコアコンピタンスに目を向けない人がいるが、これでは決してうまくいかないであろう。

あなたにとっては当たり前、しかし相手にとっては重要

日常の私たちの生活に視点を移してみたい。

実は、友人との会話の中でもこうした知識のやりとりが頻繁に行われている。

自分に対して、複数の友人からよく質問される内容というのはないだろうか。自分では当たり前のことだから、すぐに答えてあげる。友人はあなたから教えてもらった知識を活用してなにかを成し遂げる。そのとき、あなた自身は何の気なしに答えている知識が、相手からすると、とても貴重だという場合がある。

相手にとっては、それがないと自分の目的が達せられないほど重要なのだが、あなたから見れば「なんでこんなカンタンなことを聞くのだろう？」といぶかしむこともあるのだ。

ここには、情報格差があり、あなたにとっては当たり前、相手にとっては重要なのであ

る。知識をアウトプットしているあなたが、自分の持つ知識の価値を最も認めていないというわけだ。

よく聞かれるということは、相手からはあなたがその分野の知識の専門家という見られ方をしているのである。さらに、その知識によって相手が何かを成し遂げたということは、その知識はきわめて有用だということだ。こうしたことは日常的に起きているはずである。

私の例で言えば、店を経営している友人がどういうわけか多い。よく飲みに誘われるが、きまって話は店の経営についてになる。

ある呉服屋の友人は、私にこう聞いた。

「いちばん最初に家に訪問するときには、なんと言えばドアを開けてもらえるかなあ?」

そこで私が「アンケートに参りましたと言って、相手の家の娘さんの年齢を聞けば成人式が何年後かわかるよ」と言うと、相手は非常にありがたがって、のちに2億円儲かったなんて電話をくれる。

あるいは家具屋の友人が「新規顧客開拓はどうすればいいんだ? 何かいい情報はないか?」と聞いてくる。この本を読めとか、チラシはチラシに見えない手紙やニュースレターか小冊子にすればいいと教えてあげると、「あの情報で数百万円儲かった」などと言ってくれる。

そんなことがよくある。そして、そうしたことが繰り返される。

そのうち、友人関係というより、そちらの知識のほうが主目的で誘われるケースが増えてくる。

これなどは、本来、商取引であるべきことがずっと長い間、友人関係というパイプによって無償で流されてきた例と言える。

誤解のないように言っておくが、私は別にすべてを有料にしろ、友情を有料にしろと言っているわけではない。

そうではなく、自分が繰り返し友人から質問を受けたり、複数の人から聞かれることは、有料にできる可能性があることに気づいていただきたいと申しあげているのだ。

こうしたことにいつまでも気づかず、「私には売れる知識がない」と相談される方は実に多いのだ。

前ばかりに目がいってしまうという落とし穴

先に紹介した行政書士の澤田さんが、この落とし穴に陥っていた。

澤田さんは、自分の講座テーマを何にしたらいいかが決まらず、ずっと思い悩んでいた。だが、澤田さんは行政書士という資格を持っていた。

このように資格をすでに持っている人は、自分がすでに持っている資格が当たり前になっている。しかし、ふと後ろを振り返ってみると、当たり前に感じている資格の取得を目指して必死になって勉強している人たちが大勢存在しているのだ。

あるとき、自分自身を振り返って行政書士の資格取得といったテーマがあることに気づいた。あとから自分と同じ道を来る受験者のために教えるというテーマだ。勉強法や開業までの体験談が、そうした人たちの役に立つことがわかった。

それからは、資格取得のための専門学校で受験生を相手に講師をつとめながら、合格してから自分が苦労して開業してきた体験にもとづく指導も行い、ついには『行政書士の花道』という本まで出版してしまった。さらに澤田さんは、この著書の発刊までの苦労やいきさつをも「出版へのアプローチ法」として、あとに続く人へ伝えようとまとめている。

講座テーマを何にするかを思い悩んでいた彼女は、行政書士の受験指導、開業指導、さらには出版アプローチ法の指導と、いまではいくつもの講座テーマを持ち、その道のプロとして大活躍している。

以前と違ったことは、**前ばかり見ず、自分の後ろからやってくる人に目を向けた**ことだろう。

自分自身が誰かの先輩になっている部分がないかチェックしてみることも大切なのだ。こうすることにより、自分の経験を活かせる相手が見つかるという好例だろう。

前ばかり見ず、自分の後ろからやってくる人に目を向けることにより、自分の経験を活かせるテーマが見つかるのだ。

他人にとってどれだけ価値があるかが決め手となる

以上のような3つの落とし穴にはまらずに、上手に自分自身のテーマを見つけていっていただきたい。

Nさんは画一化教育に影響されてしまい、肝心の自分の特技が見えなかった。Mさんは外側にある情報にばかり目を奪われてしまい、自分自身の特技に目がいかなかったのである。

情報、情報と自分の外側の情報ばかりついつい追い求めてしまう。そうすると、肝心の自分自身の持っているものに目がいかなくなってしまうのである。

あるいは、外側の基準である学校教育や会社での評価の善し悪しばかり気にしてしまい、肝心の自分の趣味や特技がちっぽけなものに思えてしまい、つい無視してしまう。「自分には何もない」と思ってしまう。本当はあるのだが、なかなか見えないのである。あなたがよそを探しているので発見できないのだ。

問題は、他人にとって有用な情報が、自分の中のどの部分なのかがわからないことである。自分では自分の知識は「当たり前」になっているから、すべてが無用の長物のようにしか思えない。それに「自分ではもう使わない」、あるいは「当たり前」だから、自分自身の知識に対する評価が低い。

しかし、それが他人にとっても本当に「必要ない」「当たり前」「無用の長物」かどうかはわからない。商品というのは、他人にとってどれだけ価値があるかが決め手である。あなた自身にとって当たり前でも、他の人に価値がありさえすればよいわけである。

料金受取人払

豊島局承認

1825

差出有効期間
平成19年7月
31日まで

切手不要

郵便はがき

1708789

573

東京都豊島区東池袋3-1-1
サンシャイン60　1階MBE 110
ジャンピア「日本講座起業協会」
プレゼントD係　行

◎無料プレゼント応募はがき

ふりがな

氏　名

〒

住　所

TEL　（　　）　FAX　（　　）

生年月日　大正 昭和　年　月　日（　歳）

eメールアドレス

ジャンピア第2弾発刊記念特別プレゼント

いまや知識・情報の時代！
誰もがお金をかけないで、
自分の経験で起業する時代になった！

『特別編集テキスト あなたの経験を講座にする成功術A to Z』と、あなたが講座起業するための通信講座の案内を無料でプレゼント致します！

あなたにも可能性がある！

★当会の講座を受講した者から成功者続出中！
10カ月で著書5名、全国組織2名、新聞掲載多数！

（特製A 4判 20ページ）

☆ジャンピア「日本講座起業協会」は日本人初の情報起業本を著し、わが国初の情報起業の通信教育を開始したパイオニアです。
多くの情報起業家の人材を輩出しているわが国随一の専門団体です。

●いますぐこのハガキを投函ください！

私たちは普段、日本語を「当たり前」に使っているから「価値がない」と思っている。しかし、海外に行けば日本語を習いたい、覚えたいという人は大勢いる。つまり、自分にとっては価値がないと思っても、習いたい人たちには「価値がある」のである。

このように、**価値があるものというのは、意外に「持っている本人は気づかない」ものなのである。**

「ジョハリの窓」とテーマ設定

心理学用語に「ジョハリの窓」というものがある。

これは、普段、人は自分で自分のことをよくわかっていると思っているが、実はそうではないことを指摘したものとして有名だ。

自分についての認識というものを、次のように分類してとらえている。

自分が自分を見た場合：自分がわかっている部分／わかっていない部分

他人が自分を見た場合：自分をわかっている部分／わかっていない部分

ジョハリの窓

	自分がわかる	自分がわからない
他人がわかる	明るい窓	盲目の窓
他人がわからない	隠された窓	未知の窓

それぞれ2つずつ存在するので、これを掛け合わせると上の図のように4つのマトリクスになる。それぞれに「窓」という名前をつけて分類したものが「ジョハリの窓」である。

「ジョハリ」とは、これを考えたジョセフ・ルフトとハリー・インガムという2人の名前の組み合わせである。

さて、このマトリクスでわかるのは、「自分ではわからない」のだが「他人にはわかる」という**「盲目の窓」**があることだ。つまり、自分1人で考えている場合には、「明るい窓」「隠された窓」については、自分でわかっているものの、「盲目の窓」についてはは自分ではわからないということになる。

この「盲目の窓」を知ることは、自分1人では気づくことが難しいということになる。だが、この「盲目の窓」がちょうど、講座のテーマになることが多いから困るわけだ。「盲目の窓」の部分については、いくら自分の中にあるものだとしても、他人に見つけ出してもらわなければ、自分では見つけることが困難だということでもある。残念ながら、自分で自分のことをすべてわかるには、限界があるのである。

結局、人間というものは、自分では自分のことがわかっているようで、実はすべてはわからないということなのだろう。

客観的な視点が必要となる

これについては、作家も同じことを言っている。

有名な作家のNさんとお話したときに伺ったことなのだが、「作家はまとまりがつかなかったり、とりとめがなかったりするものを編集者との会話の中で、どんどんはっきりさせていくことができる」のだそうだ。

「ええと、これはなんて言ったらいいんだろう?」と、相手と話していくなかで言葉にならなかったものが言葉になっていくということをおっしゃっていた。言葉にならないものを相手の編集者が引き出してくれるのである。

これは思い当たるフシがあるのではないだろうか？　楽しみながらできて疲れないたいへん面白い方法だ。作家と編集者は、よく二人三脚と言われたりするのは、こういうわけなのだ。作家の中から出てこないコンテンツを編集者が引っ張り出しているわけだ。妊婦である作家と助産婦である編集者という関係だ。

この方法を私たちも使わない手はない。たとえば、あなた自身ではなかなか言語化しにくい経験を、友人や家族との会話の中で知識を引っ張り出してもらうのだ。相手に説明する過程で、ずるずるっと引きずり出してもらうのである。

さらに、この方法には、他のメリットもある。相手との会話の中で、どれが自分の知識商品になるか、ニーズサーベイ（需要調査）も兼ねられる。

自分はよくわかっているものだけれども、相手の編集者が知らないので、会話の中で相手が何がわからないのかがわかってきたりする。灯台下暗しと言うが、自分では当たり前なのだから、他人も当然知っていると思いがちだが、そうではないことをわからせてくれる。

あるいは「これはあまり面白くないだろうな……」と自分では予想していたことでも、話してみると相手は「えっ、それ面白いよ。それ書きなよ」などと、意外に太鼓判を押してくれたりする。逆に、自分が自信を持っていた経験が「それはあまり面白くないよ」と言われて不愉快になることもある。

あなたの経験について、あなたはよくわかりすぎている。しかし、それが面白いかどうかまったくわからない場合が多いのである。それには、わかっていない人に聞くのがいちばんだ。評論家よろしく「もっとこう書かないと面白くないよ」「この部分は面白いよ」などと批評してもらえるかもしれない。

さらに、まったくわからない人にわかるように説明して理解してもらうためには、いやがおうでも専門用語を使わないでやさしい言葉を使わないといけない。これがよいのだ。こうして、あなたの知識はより多くの人に受け入れられる言葉で表現されていくのである。

よく芸能人が「うちの家族がテレビをチェックしていて、ああだこうだと言ってくれる。家族がいちばん厳しい評論家です」などと言っているが、まさにこれである。

あなたも、家族や親しい友人に助産婦兼評論家をお願いして、知識の出産を手伝ってもらうといいだろう。

これは、ぜひお勧めしたい方法だ。

あなた自身に見えないあなたを表に出すための方法は、「人との対話」なのである。客観的視点が必要だということだ。

他人の目を活用して自分の中に眠るテーマを探る

以上、見てきたように、いくら自分の経験だといっても体の中に入り込んだものを外に言葉として引っ張り出すのには、それだけの手法や工夫がいるということだ。しかし、いっぽうでこうしたプロセスを経れば、あなたにもテーマが発見できる可能性がある。

これは、裏を返せば、次のようになる。

自分にはテーマがないと思っているのは本人だけで、本当はテーマを持っている。ただ、それが「盲目の窓」にあるので、本人には見えない。

であれば、誰か他の人と対話するのがいい。それによって、当人に見えないものを他人から発見してもらえる可能性がある。

つまり、自分と他人の見る角度の違いを利用して、自分にとっての〝死角〟を見てもらい、自分の中に眠るテーマを探ろうということだ。

このように、自分には見えていない領域（ジョハリの盲目の窓）があり、そこにテーマが潜んでいる可能性がある。これが、テーマ発見が困難だったひとつの理由だ。

だから、テーマ選定に悩んだ場合は、「自分にはテーマがない」と決めつけてしまわずに、誰か他の人と対話をしてみるとよいだろう。

手前味噌だが、私の会員に対する電話相談サービスや質問票への回答というのは、こうした「盲目の窓」を見つけ出すためのツールでもあるわけだ。

瞑想知識獲得法

ジョハリの窓では、他人に見てもらうことがテーマ選定で重要な役割を果たすことがわかった。だが、あえて自分1人でもテーマを発見できる可能性がある方法を、もうひとつだけ提示しておきたい。

それが、**瞑想**である。

これは科学的に証明された方法である。別に宗教じみたことを書きたいわけではまったくないので、ご安心いただきたい。

たとえあなたの「経験」だとしても、それを自分の「知識」として表現するのには手間がかかるのは、これまで見てきたとおりだ。いくら自分の経験だといっても、すぐには知識になってくれないのである。

人間は記憶力万能のコンピュータでもないし、ましてや瞬時に入力された過去の全情報を検索できるわけでもない。

経験というのは、自分の体に染みついたものだ。まさに血となり肉となっている。ふだん特に意識されないで、あなたと一体化しているわけだ。この一体化している「経験」という段階から「知識」にするためには『言語化する』というプロセスが必要となる。

ずいぶん以前の話になるが「ＡＩ」（人工知能）が騒がれた時期があった。当時、工場の巨大設備のメンテナンスのための人工知能を作り上げるために、まずは専門家の熟練の知識をプログラム化して入力しようということになった。これはエキスパートシステムと言って、文字どおりエキスパート（熟練者、専門家）の知識をアウトプットしてもらって、コンピュータにプログラムし、彼らが定年退職したあとでもコンピュータによって自動的に工場設備をメンテナンスしようというプロジェクトだった。

そのため、まずは専門家たちの専門知識を彼らから「出力」してもらおうとなったのである。

ここまでの狙いは悪くない。だが、実際はどうだったか？

いざ専門家から知識をインタビューによって出してもらおうとすると、想像していたのとはまるで違ったのだった。

「では、どういうときに機械は異常だとわかるのですか」と問うと、「そうだね。ギギギという音をしているときは大丈夫だが、ガガガッというと危ないね」などと言うのだ。

ギギギとガガガの違い……。普段、専門家たちは耳で機械の異常音を聞き分けているのだ。そして、その聞き分ける精度は驚くほど高いことがわかっている。だが、いざ知識にしてみると、ギギギとガガガだったりするのだ。

これほど「経験」と「知識」は違うのだ。経験があるからと言って、それはすぐには知識化できないのだ。

「経験」が「知識」に変わる瞬間

この知識化が難しいのは、あなたにとっても同じだ。

たとえば、あなたの過去の職業経験をもとに知識を作るとしよう。

まずは、自分自身のやってきたことを洗い出す。最初は、どうしても具体的な仕事の名前しか出てこない。「あのとき、自分は○○プロジェクトに関わったな」とかいうように。

だが、これでは知識商品にはならない。これは仕事そのもののファイル名にすぎない。

そして、溜め息をつく。「う～ん、自分には経験がこれしかない」。違うのだ。この段階では、まだ無理なのだ。しかし、初めはこんなものである。この仕事のファイル名の洗い出しから始めなければ、いずれにしても、ゴールである自分の知識の洗い出しには達しない。

さて、書き出してみても、自分がやってきた仕事のファイル名しか出てこない。さあ、このあとどうするか？　しばらく放っておけばいいのだ。

そのままにしておく。無理に、この段階で知識を搾《しぼ》り出そうとしても出てこない。脳の血管が切れそうになるので、力ずくで出そうとするのはおやめになったほうがよい。

実は、自分の体験が潜在意識に落ちているため、なかなか意識上に上がってこないのだ。だから、あきらめて「自分には知識なんてない」と思ってしまうのだ。

でも、意識上に上がってこないだけで、心配しなくてもあなたの中には知識が入っている。ただし、深く沈んでいるのでそのままでは知識として使えない。

では、どうすれば潜在意識にある知識を浮かび上がらせられるか？

それには、「**内観**《ないかん》」と言って、自分の心の中を眺めてみるしかない。一種の瞑想法だ。だが、堅苦しく考える必要はなく、ただ横になって、ぼんやりとリラックスして浮かび上がってくるのを待てばいいのだ。

　あなたが、長い間に吸収したさまざまな経験は、文字どおり、あなたの血となり肉となっている。
　よく運動選手が繰り返し一定の運動をすると、やがてそれは無意識でもできるようになる。これは無意識というか潜在意識に落ちたからだが、あなたにもまさにその作用が働いている。あなたの経験は無意識のものとなっているわけだ。
　最初は「バカらしい、宗教じゃあるまいし！」と思うかもしれない。あるいは、「そんな悠長なこと言ってられないんだ、急ぐんだ！」と思われるかもしれない。
　だが、これにはある程度の時間がかかる。なぜなら、無意識から上がってくるのを待つからだ。それでも、そのうちにフツフツと断片的に浮かんでくるものがある。まるで泡がはじけるようにして浮かび上がってくる、まさにそれが知識の断片だ。

身についているのに意識できなかった「経験」が、初めて「知識」となって表層に上がってきた瞬間である。

●他人の経験をもとに知識を作る法

今度は、自分自身の知識をまとめるのではなく、他人の知識をまとめるという方法について見ていこう。これは、友人や親、誰か他の人の知識を扱うというものだ。

実はこうした例は意外に多い。

精神科医の和田秀樹氏が最初苦手だった数学を友人のノートを見て、「数学は暗記だ」と悟り、受験教育指導を開始したことは、よく知られている。作家が他の人の体験をもとに作品を書くのは確立された手法だ。いまだに年に数冊は海外翻訳ものがベストセラーに顔を出すし、海外文献を翻訳することが主たる研究手法である大学教授は多い。

このように自分以外のところから、もとになる知識を仕入れてくるという方法について考えてみたい。自分自身に売り物になるような経験や知識が不足していても、この方法を使えば、あなたも知識商品を作ることが可能である。

自分自身の知識を売るのが「1人ビジネス」とすれば、これは「他人に協力してもらう1人ビジネス」と言えるだろう。

いくら他人の経験や知識を利用すると言っても、あくまでその知識をヒアリングによって聞き出し、商品としてまとめていく作業は、やはりあなたが1人で行わないといけないのは言うまでもない。情報の仕入先が自分から他の人に代わったということなのだから。

新聞記者が知識を得る場合

他人の経験や知識を利用する場合に気をつけなければならない点は何か。
これは、新聞記者などを例に取ればわかりやすいだろう。
取材対象を決める　↓　取材許可、アポイントをとる　↓　ヒアリングなどにより情報を出力してもらう　↓　結果をまとめる編集作業
という過程を経る。

まずは、誰に何を聞けば面白いか、売れるかの企画をたてて取材対象を決める。次に相手に連絡を取り、取材趣旨を説明して、アポイントを取る。事前に質問をリスト化しておくことは最低のルールである。

実際の取材に入ったら、相手に「よくわからない」「それはこういうことか?」と質問をぶつけ、理解につとめながら話を引き出していく。あいまいな話から始まっても、あなたの質問で話はぐっと具体性を増すし、説得力を帯びるようになる。さらには、「なるほど自分の経験はそういうふうにも解釈できるのか」と、相手にも気づきが得られるようになれば、インタビュアーとしても1人前だ。

いくら他人の経験をもとに知識(ナレッジ)を引き出すといっても、やはりスムーズに出力させる力、相手が乗って話をするだけの誘導力、瞬時の理解力とさらにポイントに迫る核心部分を衝く質問をする力によって、話の内容はどんどん面白くなるはずだし、本来、しゃべるつもりではなかったものまで話してくれるかもしれない。

誰がインタビュアーかによって、同じ人から話を聞いてもずいぶんと得られる情報に差が出るのは、こうした能力によるものだ。さらには、情報を得た後も、あなたというフィルターを通して、情報は解釈され、編集される。あなたがどういうことを面白いと思っているのか、どういうことに価値を持っているのかが情報の整理に反映されるのである。

そして、情報のうち、どこを切り取ってどういうふうに見せるか、強弱のアクセントをつける。大げさな見出しなどが、ここで練られるわけだ。

ここまでして、ようやく相手の「経験」が「知識」として編集される。

私は最初、新聞社に勤め、次に市場調査会社、そしてコンサルティング系社団法人と進んだが、やってきたことと言ったら、要は他人の経験をずっと専門で扱ってきたと言うことができる。

よく考えてみればわかるが、新聞社というのはニュースという世間での出来事を扱うものだし、市場調査はあそこの業界や会社がどうしたこうしたというものだし、コンサルティングも同様に、いろいろな会社でうまくいく経営手法をまとめたものだ。最後にたどり着いたところが、自分自身の経験をいま書いているということになる。

情報の商品としての価値を検討しよう

さて、テーマを発見できたら、次は商品として売れるかどうかを検討しなければならない。

講座商品を作って売るのが講座起業家の目指すところだが、実際には**売れる講座と売れ**

ない講座とが出てきてしまう。

情報収集には長い時間を必要とする。せっかく作成した講座が売れないとなると、それまでの苦労が水の泡になってしまう。

売れる講座とは、どのようなものか。逆に、売れない講座はどうして売れないのか。

このことを本格的に講座を作成する前に知っておくことが必要だと思う。

価値ある講座、売れる講座とは、**「他人の欲望をかなえるのに役立つもの」**ではないだろうか?

何かしたいこと、達成したいことがあって、それをかなえるのに役立つから講座は売れるのである。売れない講座は、この逆で、人々の欲望の解決に役に立たないものということになる。

あくまでも買う側のメリットがないといけない。買う側は、あなたの知識に関心があるわけではないからである。関心があるのは、あなたにではなく、「自分の悩みの解決策」だったり、「自分のかなえたい願望」にある。

自分のために買うお客の心理に立てば、あなたがすべきことは、自分の知識を書き始める前に**「これは誰かの役に立つだろうか?」**とチェックすることである。

ハウツー本にみる情報商品の基本

「売れる情報＝欲望をかなえるのに役立つ情報」と定義すると、その典型はいわゆるハウツー本だとわかる。

人は他人よりも「いい成績を取りたい」「いい学校に入りたい」「いい会社に就職したい」「他人より早く昇進したい」「お金がほしい」「いい暮らしがしたい」「異性にもてたい」「他人に評価されたい」と思っている。また、いっぽうで、いろいろな悩みを抱えて日々を過ごしている。

普段は、お互い弱みなんか見せずに暮らしているからわからないが、本当は人々の悩みの量はすごいのではないだろうか。

なぜ、そんなことが言えるのか？　それは、世の中にはありとあらゆるハウツー本が溢れかえっているからである。

ハウツー本はまさに、自力では解決できない人向けに〝解決策〟を提示したものだ。これが、情報商品の基本である。

知識を獲得するには時間も費用もかかる。これらを、誰か他の人が〝代わりに体験して、失敗しやすいポイントや試行錯誤の結果〟などを提供すればよいことがわかる。

そう、このハウツー本を自分で行えばいいのである。

小冊子やオリジナルテキストは、いまや個人でも容易に作ることができる。このハウツー本をあなたが自作で行えば、それであなたの講座商品のできあがりとなるわけである。

さて、「誰かの手助けをする情報」が売れる情報だということはわかった。

では、次にあなたはどう行動すればいいのだろう?

あなたがこれからやることは、ハウツー本の作家たちとまったく同じである。つまり、ハウツー本を書いている著者たちがやっている情報収集を、あなたもすればよいことになる。

「ハウツー本かあ……」といま、あなたは思ったかもしれない。

だが、ハウツー本を作るつもりで情報収集にあたることにはメリットがある。あなたの情報収集が無目的になったり、情報収集それ自体が自己目的となることを防いでくれるのである。情報を収集する過程で**「これらは誰かの手助けになるだろうか?」**とチェックすることによって、方向性やクオリティを常に保つことができるのだ。

目的やお金を出す相手の人のことを、つい忘れてしまいがちになる情報収集工程が、顧客ニーズを意識したものとなる。これは重要なことだ。

先行商品を購入してレベルを把握しよう！

書き始める前に、まずは先行商品をチェックしよう。書けない、書いたけど売れないと言う人のほとんどが、そうした研究不足の方たちだ。

たとえば、受験勉強なら過去の試験問題を研究するし、入社面接だって会社ＯＢを訪問したり、面接本を読んで対策を立てるが、それとまったく同じである。

この時点では、テーマが決まっているのだから、できるだけ綿密に調査していただきたい。

まずは、書店に行って自分が決めたテーマの本をチェックする。さらに、同じテーマで、どんな知識商品が売れているのかチェックする。できれば実際に知識商品をいくつか買ってみる。どれぐらいのレベルまで知識を盛り込んでいるのか〝知識の品質水準〟を把握しておこう。

これくらいの投資をしなければ、どういう傾向のものが売れているのか、どの程度の内容が盛り込まれているのかがわからないはずだ。

テーマが決まったら、次にすることは何か？

さて、テーマが決まったら悩みに正面から取り組んでいくのは言うまでもない。

その際の問題意識は、当然「どうしたら、その悩みが解決できるだろうか？」であるはずだ。とにかく、一にも二にも、問題解決に突っ込んでいく。これにつきる。解決策を探すということだ。

インターネットから何から片っ端から探してほしい。専門家に直接会いに行くなどのアクションもしていただきたい。

こうして必死に解決策を探していくうちに、自分の利益のためにやっていたことが、いつか他の人に役立ててもらおうという気になってくるから不思議なものだ。

「自分が儲かるからやる」「自分の利のため」という入り口から入っても、結局**「他人のため」という出口**から出てくることになる。

情報起業とは不思議なものなのだ。

逆にここで、自分の労力やお金儲けのことなど、自分の利ばかり優先すると、結局は売れない代物ができあがってしまう。これも、ひとつの落とし穴と言えるかもしれない。

3章

経験を「講座テキスト」という商品に変える

まずはプロフィールを作ろう

あなたの経験を講座テキストという商品に加工するためには、いくつかの工程がある。その工程について、この章では具体的に説明していく。

さあ、あなたは、これまでに本書で解説した方法により、講座起業のテーマとなる体験情報を自分の中に見つけたわけである。次は、これを○○ができる法、「○○法」と名づけて売るわけである。

この場合、あなたは専門家でなければならない。そして、売るには、まずは**プロフィールで専門家を名乗る**。経歴や年数で飾る。人はどこの馬の骨かわからない人間からは買わないものだ。購入前には必ずプロフィールをチェックする。

あなたは体験という商品を売る前にまずは、自分を信用してもらわなければならない。そのために、プロフィール作りから始めるということだ。これが、品質表示の代わりをするのである。

商品がよいというだけでは、なかなかいまの時代は売れていかない。むしろ、最初に必要なのは**「自分のプロデュース」**だ。

ここは間違えやすいところなのだが、あなたの商品だけが売れるわけではないということだ。人はモノやサービスを買うとき、かならず「誰がそれを売っているのか」「どんな人が売っているのか」などと、売り手の情報を確かめるものだ。

人は、本を買う際には著者プロフィールを、セミナーに出ようかどうしようか迷う場合には講師プロフィールを、入会を検討する際にも代表者プロフィールに目を通すものだ。そこで値踏みをするわけだ。自分がわざわざお金を出してもいい相手かどうか判断するわけである。これは、買う側からすれば当然のチェックである。このフィルターでハネられてしまえば、どんなに商品がよくてもあとの祭りである。

裏を返せば、自分はこんな人間ですよという情報を先に提示しておくのだ。

〝その道の専門家〟という印象を与えておくことが重要なのだ。そしてそれは、情報つまり言葉でかなえられるのだ。

〝その道の専門家〟の具体的な例を、私の手元にある「早稲田大学エクステンションセンターの公開講座カタログ」から引けば、以下のようである。

・日本絵手紙協会　会長

・日本太極養生健身会　会長
・国際マンダラ協会　会長

まだまだ参考になる協会名・役職名はたくさんあるので、さまざまなパンフレットを研究して参考にしてほしい。

プロフィールの具体的な作り方

プロフィールを作るにあたって、その要素はどうなっているかというと、次のようである。

・協会名
・役職名
・キャッチフレーズ
・自分の名を冠した法や術の名前
・独自に考案・創案した説明文

これらの言葉を考えて、「講師プロフィール」「著者プロフィール」「代表者プロフィール」に利用するのだ。これが、あるのとないのとでは結果に雲泥の差が出る。

人は専門家探しをするとき、まず「○○の専門家」というレッテルを探す。

何かと忙しい情報時代は、アタマについたキャッチフレーズが一人歩きしやすい環境にある。キャッチフレーズだけが人々のアタマに残る。これを先回りして自分自身にレッテルを貼っておくのである。これも、情報時代のひとつの戦略である。

リアルの世界では、人物が問われる。謙遜や謙譲の美徳を備えているかどうかは日本人の場合、重要なチェックポイントとされる。だが、こと情報起業の場合、謙遜や謙譲の美徳はまったく意味をなさない。実力ではなく、単なるレッテルの大小で勝ち負けが決まることがほとんどである。書かれた文字だけで優劣が判断されるのが情報社会である。

よく自分で〝カリスマ〟を名乗っている人がいるが、これも自分を専門家に仕立てているわけだ。

ただし、いざふたを開けたら単なるこけおどしということにならないように、実力もつけておかないと結局は化けの皮がはがれてしまうので、努力もして、看板に偽りなしにしておかなければならないことは言うまでもない。

いずれにしても、プロフィールが小さく、自信のないものであったら売れないことは間違いない。せめて自分が独自に開発した手法であるぐらいのことは書くべきだろう。

このプロフィールは一度作ってしまうと重宝するもので、本の著者プロフィールからセミナー講師プロフィールと、いろいろ活躍する機会が多い。

さらに、このプロフィールを作ることにはもうひとつの意味がある。それは名乗ることで自己暗示がかかり、潜在意識によい影響が生まれることだ。このため、結果的に早く結果が達成される面がある。

プロフィールを作るときに大事なことは、多少ゲタをはかすぐらいでちょうどいいということだ。日本人はどうしても謙譲の美徳とか、縮み志向だとか言われて、自分から小さく見せる傾向があるが、これではいけない。プロフィールは少し大げさなぐらいでちょうどいい。

履歴書風に書いてはいけない

自分のプロフィールを作る際に陥りやすいのは、どうしても履歴書のように書いてしまうことだ。これも、会社中心の生活が長かったため仕方のないことではあるが、**履歴書とプロフィールは似て非なるものだ。**

履歴書の場合は、現在に至るまでの職歴を正確に書くことが求められるが、プロフィールはそうではない。**プロフィールは、自分の専門性やセールスポイントをアピールするためのもの**である。極端に言えば、自分を売り込むためのものと言っていい。

したがって、余分な転職経験を羅列したり、専門と関係ないことをくわしく書く必要はさらさらない。

このへんをみなさん間違えるようだ。すべてを書くのではなくて、余分なものは省く。そして、アピールしたいものだけに絞る。読む人に「この人はこの分野の専門家なんだな」

と思ってもらうことが目的なのだ。

整体師のMさんは、最初は以下の履歴書のようなプロフィールだった。

「東京都出身。飲食店（中華・洋食・ラーメン屋など）に長年勤務。オールマイティの職人を目指すが腰痛で断念。大好きな中国に憧れて中医学・推拿（按摩）を学ぶ。………」

現在、整体の仕事をされているMさんだが、これだと自分をアピールできていない。なぜなら、「整体」に無関係な「飲食店勤務」の記述から始まっているからだ。しかも、それを断念したことまで書いているが、これらは不要である。肝心の「整体」の記述が少なく、専門性をアピールできない結果となってしまった。

過去のあなたの経歴のうち、すべてを書く必要はない。目指す市場の読者に必要なものだけ書けばよいのである。

次のプロフィールは、先ほどのプロフィールをもう一度、Mさん自身が作り直したものだ。

「東京都出身。いろいろある健康法の中で一番よい健康法は何だろう？　そんなことを考えながら自身も社会人として不規則なストレス、残業生活を送る。答えを求めて四千年の歴史を持つ中国医学、上海中医薬大学日本校にて健康の源である経絡（気の流れ）、気功、推拿（按摩）を正しく学び中国整体師となる。…………」

いかがだろう。飲食業の経歴はカットされている。つまり、目指すべき「整体」の顧客に不要な情報がなくなって、整体を学んだことがくわしく記述されている。これによって、目指す市場によりアピールする、専門性の高いプロフィールに進化していることがわかる。このように、プロフィールはちょっとしたコツでがらりと変わるので、何回も作り直してみよう。

プロフィール組み換え力で自分の顧客を変える

自分の過去の経験をそのまま商品にしようとすると、無理が生じることがある。
たとえば、私の場合、前職が社団法人だが、世間では会社のほうが圧倒的に多い。社団法人での経験をそのまま会社に当てはめようとすると無理があって、そのままでは使えない。だが、反面、社団法人のテクニックには、とても面白くて会社経営に取り入れるとずいぶん効果的なものも多い。

自分の経験のうち、まずはどれとどれが世間で使い物になるのか取捨選択する必要がある。そして、使えるものを揃えて、それらをさらにブラッシュアップして強力に磨き上げる必要がある。

また、私は企業や団体などの新規事業調査などの仕事をしてきたが、個人になっていきなりこうした前の仕事をやろうとしてもＢｔｏＢ（法人対法人）では信用がないから、うまくはいかないだろうと思った。それなら、こうした法人向けの仕事を個人の起業のためのコンサルティングにしたらどうかと自分のキャリアの使い道をチェンジした。こうすることで、それまでの自分のキャリアが活かせるし、仕事が生まれるわけだ。

まずは想定するお客を変え、自分自身の使い道を変え、それをプロフィールに記すことによって、いままでとは違う分野で自分を活かせないか検討する必要がある。

参考までに、私の講座の会員の作ったオリジナルな肩書きには、以下のようなものがある。

・有段者育成ナビゲーター
・セミナーアドバイザー

個人ブランドを作る

理屈はわかったが、「会社名」というブランドがなくなったから不安だと言う人がいるかもしれない。そんな方は、次の例をどう考えるだろうか？

雪印乳業と多田克彦の牛乳
自由民主党と小泉首相

かつては大きいことはいいことだということで、大会社イコール信頼性だった。だが、現代は個人の顔が見えることが要求される時代である。必ずしも、集団組織ブランドが個人ブランドよりも大きい、有利だとは言えなくなっている。

要は、あなたに有利なように「小さい」ことを「武器」にすればいいのだ。

こうした例はたくさんある。たとえば、いまやリサイクルショップでモノを買うことは誰もなんとも思わなくなったが、かつては「中古品」といって、いまほど売れなかった。「他人が使ったもの」「汚いもの」「貧乏くさいもの」「買ったら恥ずかしいもの」ととらえられていた。

だが、言葉が変われば価値は変わる。マイナスイメージの「中古品」という呼び方を変えて、「リサイクル」と呼ぶようにした。そのこころは「地球環境保護」という大義名分付きだ。これで「買うと恥ずかしいもの」という意識が消えた。「私は恥ずかしくない。だって、地球環境保護のためだから……」というように意識が変換されたからだ。

このように、価値というものは絶対的なものではなく、考え方や言葉の使い方でガラリと変わるものなのである。あなたがマイナスに思っているものを、プラスの呼び方や考え方に転換してしまえばいいのである。


ところで、あなたが教える側になる最もよい方法は何か?

それには、「自分は教える人だ」と意識して宣言することが重要だ。それができれば、技術はあとからついてくる。

逆に、いくら技術、ノウハウ、テクニックを学んでも、自分の中でアファーメーション(断定した言葉で自分を表現すること)ができないと教える側に立つことはできない。心が逃げているからだ。

さて、よく言われることだが、壁を突破するのはあなたの心であり、壁は心の中にしか存在しない。扉を開けて中に入るのはとても勇気がいることなので、どうしても人は扉の前で躊躇《ちゅうちょ》してしまう。いままでの自分とサヨナラするのが恐いからだ。新しい自分になるのが恐いからだ。

しかし、ここで「新しい自分になってもいい」と思い、扉をくぐる自分を心の中で受け入れると、難なく扉の向こうに行ける。そういった意味では、手法やテクニック、ノウハウも重要だが、この心の中の見えない壁との関係はもっと重要だ。

講座のネーミング

さて、次にすることとは、講座の「名前」を決めることだ。

あなたの「経験」に「○○ができる方法」や「○○講座」というタイトルをつける。講座テキストのネーミングや各章に魅力的なタイトルをつけよう。

お客は、まずはネーミングに魅かれてやってくる。

言葉を覚える必要はないが、AIDA（アイーダ）の法則と呼ばれるものがある。それは、次のようなものである。

「注意／A＝Attention」→「興味／I＝Interest」→「欲望／D＝Desire」　→「行動／A＝Action」

このうち、最も重要なのが「Desire（欲望）」である。ほしいと思わなかったら、どんな人でも買わないだろう。

たとえば、同じ内容の知識を本、マニュアル、レポート、テキストといろんな名前で販売するとする。この場合、それぞれの値段は微妙に違ってくるはずである。同じものでも、マニュアル、レポート、テキストとその「名前」によって価値は高くなったり安くなったりする。不思議なものである。つまり、「○○マニュアル」「○○レポート」と名づけることが重要になるのだ。

常識的には、中身が価値を決めそうなものだが、実際は、外側の名前が商品としての価値や価格に微妙な影響をもたらすのである。

私の会員の作った講座名には以下のようなものがある。

・灘式大学受験勉強法
・古代日本朝鮮関係史講座

・売る得る講座
・風水起業コース

協会名をつけてブランド力アップ

起業なのに協会名をつけろというのは、私独自のオンリーワンの指導法である。これは、10年以上社団法人にいた私の経験から考えたものだ。

協会名をつけるとどうなるかというと、まず**社会的信用力**が違ってくる。単なる個人事業と比べると、その効果は大きいはずだ。

起業の初期段階では、法人設立に時間やお金を割くことが絶対に必要だと、私は考えていない。

書店で会社の作り方の本を一日中眺めている人を見かけるが、もしも起業をするなら、さっさとお客を探したほうが効率的だと思う。売り上げがある程度になり、法人にしなければ税金がもったいないという段階になってからでも法人化は遅くない。それまでの間はブランド力も補える「協会」を名乗ればいいと思う。無料だし、ブランド力が高く、お勧めである。ある会員は、個人でも大手百貨店とも容易に取引できるようになったと喜んで

いた。

これは余談だが、この「協会法」は他の複数の起業団体から、ノウハウ部分の転載を申し込まれた。それだけ価値があると認めていただいた証拠だろう。同業から認められるということは名誉なことである。

さて、対外的にも効果があるのだが、何より大切なのはあなた自身の心が変わることである。

自分の協会名を決めたら、早速名刺や封筒に印刷してみよう。なんとなく、満更《まんざら》でもない感じがしてこないだろうか。

こういうささやかな喜びをバカにしてはいけない。まじまじと眺めながら、1人ほくそ笑んで喜びに浸ろう。そして、夢をふくらますのだ。

これはよく言われる「成功イメージトレーニング」そのものだ。人間の描いたイメージが現実化するのだから、あなたの協会の将来像を心に描いていけば、それだけ成功は早くなるに違いない。

私の会員の作った協会名には、以下のようなものがある。

・アスタロ占術協会
・灘式受験法研究会
・日本科学技術オンライン講座協会／JASTOCS（ジャストックス）
・古代日本朝鮮関係史協会
・日本優秀販売員育成協会
・日本羅漢果普及協会
・日本建築模型振興会
・トータルヘルスボディ&マインドケアアワーキングネットワーク協会
・日本自己啓発協会／JASEC（ジャセック）
・書習字ネット
・倶楽部ゴルフジョイ

・情報起業家友の会
・日本心身楽圧法協会
・日本ＯＬ知的創造力向上委員会／ＪＯＩＣＣ（ジョイック）
・ナンバーワンデンティストクラブ
・ｉ＆ｉライフビジネス研究会

体験の商品型は3種類ある

ここで、商品の形を再確認しておきたい。

プロローグでも紹介したが、どういった市場で商品を売るかという市場別で分類すると、3種類に分かれる。

・ライブ型（生で売る）

これは直接、生身である自分が相手先に出かけて行く、自分そのものが商品である場合である。具体的には、セミナーやコンサルティングなどがある。

・郵送で売る

これは生身ではなく、パッケージして郵送で売るというものだ。本、マニュアル、テキスト、カセットテープ、ビデオ、CD、DVDなどがある。

・ネットで売る

これはネットを利用して売るものだ。メール、PDFデータなどがある。

これらのうち、どの形に加工して売るのかを、まずは決めておきたい。極端に言えば、すべての形を取れば売り上げも伸びていく。たとえば、セミナーをして、それを録画してDVDにして売ったり、画像データとしてネットで流すなどだ。

ひとつの商品を作るときに、同時に他の形も作れないか検討しよう。これを〝**ワンソース・マルチユース**〟と呼ぶ。

コンテンツを作りこむ

商品型も決めたら、次にやることはコンテンツ（内容）を作ることだ。

これは、自分の知識をどういう順番で説明すればよいか、どういう表現で説明すればわかりやすいかなどをあらかじめ検討しておき、その設計図に沿って実際に書いたり話したりしていく段階だ。最終的な表現のチェックや見やすさなどの細かい作業が必要になってくる。

また、できあがったら、誰かにチェックしてもらうことも大切だろう。

いざコンテンツを書く場合、成功例ばかりを書いてしまう人が多い。人情としてはわかるが、自分がこれまでしてきた**失敗もとても重要な情報**であるということを忘れないでほしい。なぜなら、同じような失敗をあなたのお客さんもおかす可能性が高いからだ。

私の場合も、広告会社に騙された経験や、最初はピントはずれな部分にお金を使っていたことなどを書いた。こうしたものこそ経験者が書ける生きた事例である。

人間は誰しもマンガのヒーローのように完全無欠ではない。むしろ、その逆で失敗ばかりしている。転ばぬ先の杖ではないが、落ちそうな穴を最初から示しておいてあげることも重要である。

読者は失敗したり悩みを解決できない著者の姿を見て、安心するのである。

「ああ、このことで悩んでいるのは自分だけじゃないんだ」

このことだけでも、心が楽になる。悩みや失敗や苦しかったことを書くことは、読者にとってもメリットがあるのだ。

シンデレラストーリー型知識商品

ノウハウを知識商品として売るのには、文章にパターンがあることを認識していただきたい。通販番組でのアイデア商品や美容器具、健康食品、健康器具、家電製品などあらゆるモノ商品も、たいていこのパターンでのプレゼンテーションが行われている。

最もポピュラーなパターンは、いわゆるシンデレラストーリー型である。

典型的パターンは以下のとおりである。

わたしもこんな悩みがあった
その頃はすごく苦労した
でも、あるとき偶然●●と出会った（↑王子様）
そうしたらいままでの苦労が嘘のように改善した
その方法をみんなにお教えする
その方法は■■法といって、それまで常識とされた考えとはまるで反対の方法だこのように、まずは問題点の提示から始まる。あるいは、最初は私は○○がまったくできなかったというマイナスから書き始めることだ。ついつい、できたことを書いて自慢したくなる気持ちもわからないではないが、まずはできなかった過去を書いていく。

そして、どのような解決法を試し、うまくいかなかったかの試行錯誤を書く。

最後に出会った、あるいは自分で編み出した「○○法」という成功法を書く。

この順番で書いていくと、説得力のあるコンテンツになるだろう。まるでシンデレラが最初いじめられ不幸になるが、最後の最後に幸福になったように書いていくのである。

自分の手持ちの解決策では解決できないことを直視する

ここで、方法論を探す前提になることを見ていこう。

まず、いままでの方法ではうまくいかないことをハッキリと認識する。そして、その新たな解決策が自分の経験の中にないことをハッキリと自覚する。そうして初めて、新しい方法探しの旅が始まる。これにより、これまでと同様の方法を取ることを拒否して、何か他の新しい方法はないかと探すようになる（**問題意識**）。

つまり、何か問題を解決する糸口になるものはないか始終探すようになり、ありとあらゆる情報にアクセスしようとする問題意識が生まれる。また、いつもそのことを考えているから、無意識のうちに、その言葉に反応するようにあなた自身がなっていく。

こうなってくると、あなた自身がセンサーになり切っているので、漏らす情報も少なくなる。

情報収集と検証

まずは、そのテーマに関する方法を片っ端から集めてみる（**情報収集**）。もうこれ以上はないというところまで、洗い出ししてみよう。たとえば、ガンに関する治療法だったら、アガリクスやメシマコブ、波動法、塩などだ。

この知識の収集段階では、部屋の中が本やいろいろな資料で足の踏み場もない状況に陥る。だが、この量をこなすことがすべての出発点である。

いろいろな方法を洗い出したら、次に、それら一つひとつの方法を試してみる（**検証**）ことだ。つまり、科学の実験に相当する。実際に試してみなければ、どこまでいっても書いてあったことにすぎず、実際にあなたが解決したと書くことはできないはずだ。この段階で書く者もいるが、実践のない単なるパクリでは迫力は出ない。

理論や方法論は、検証されて初めて意味がある。あなた自身が「こうすればいいのではないだろうか?」「きっと、こうすればうまくいくはずだ」と、自分で立てた仮説を検証するスタンスでいく。

仮説は必ず立てていただきたい。はずれてもかまわない。途中で間違いとわかることも成果である。そこから、また別の仮説を立てればよい。

とにかく、「こうなるはずだ……」と実験を重ねていただきたい。

当然、うまくいく方法とそうでない方法が出てくるはずだ。その実験結果こそ、求められている情報である。うまくいかなかった過程もコンテンツになるので、大切に記録しておきたい。

解決する方法と出会う

いくつかの方法の中で、解決できた方法に出会うはずだ。それこそが、あなたが求めていたものなのだ。解決方法と出会ったら、次のポイントで進んでいってほしい。

「法則化せよ」

あなたの経験を「法則化」することで初めて、あなたの経験は「商品」となる。つまり、あなた個人の固有の経験から、より一般的な汎用的なノウハウとなるのが、この法則化によってなのである。コンサルティング会社などは、この事例のルール化によって次々と経営指導しているわけだ。

単なる経験では一事例にすぎない。経験をルール化してこそ商品となる。

「○○法と名前をつける」

さらに、「○○法」とネーミングすることによって、商品化する必要がある。

「**情報を整理して書いていく**」

悩んでいた時点からさかのぼって書いていく。

「**ブラッシュアップに努める**」

古くて使えなくなっていないかチェックすることも大切なことだ。時間が経つと知識も陳腐化する。もし、古くなっていたら、最新の知識・情報を入れて更新しておくことが必要だ。仮にも知識の提供で生きていくかぎりはプロとして、これくらいのことは当然だろう。

テーマが見つかったあとに検討すべきポイント

では、テーマが見つかったあとに検討すべきことについて、今度は具体的な事例にそってみていこう。

「**問題意識が次の展開を決定する**」

1章で紹介した松田さんのマネキン時代のモノの売り方を例に取ろう。

「これまでとは違う何か別の方法でもっとモノを売る方法はないか」というテーマが決まったとする。

そこには、「ただ普通に叫んだところで、キュウリは売れやしない」という問題意識があるので、通常の声をからしてお客さんに呼びかけるようなことは選ばないのである。そこにある、いままでのやり方はダメだという問題意識が、「劇場型パフォーマンスで野菜や果物を売っていく」というまったく新しいスタイルの売り方を発見するのである。

もっと売れる方法はないかというテーマの決定

←通常ではダメだという問題意識

←自分にできる別の方法は何か？

←演劇経験を使って何かしよう

←劇場型パフォーマンスで野菜や果物を売るというスタイルの誕生

「外からの知識の仕入れによる裏づけを作る」

自分のダイエット経験をテーマに決定したとする。どのようなダイエット方法を行ったかを披露することで情報商品となるが、さらに専門的知識も加えることにより、完成度が高くなる。

そこで、自分の編み出したダイエット法が、健康を害することがない理由や、どうして無理なくやせることができるかの裏づけとなる医学的な見地からの説明を、本や過去のダイエットデータの資料の中から、当てはまるものを見つけ出す作業が発生する。つまり、学術的な知識の仕入れをするべきである。

自分の編み出した法則＋学術的な統計やデータ

↓

信用度がつく

「切り口を考え出す」

私の場合、失業経験からお金も人も何も必要としないビジネスで身を起こすというテーマを決めたわけだが、講座起業が生まれるまでには、ステップがある。

どのような形で世に出していくか――つまり切り口である。それには、バインダーで一括で売る、セミナー形式で各地を回る、Ｗｅｂ上でやっていくなど、さまざまな切り口がある。

自分のスタイルをどのようにするかを決定しなければならない。そのためには、競合すると思えるものを片っ端から調査するのである。
○○はバインダーで情報商品を一括で売っている、△△はセミナーに重点を置いて展開している、□□はＷｅｂが中心だ……。それぞれの利点、欠点はどこか？
自分なりに書き出したものを作り、分析してみる。他のものの利点や欠点を知ることは、自分はどのようなスタイルで売り出すか決めるうえで参考になるのである。

自分の考えたテーマ
↓
競合の調査
↓
切り口を考える

↓
自分のスタイルの確立
↓
独自性のある商品の完成

4章 「講座商品」の見込み客を開拓する

見込み客を開拓する方法

コンテンツができあがったら、次のステップはどうやって売るかだ。

知識商品は、弁護士やコンサルタントに見られるように、自分からは営業に行かない。飛び込み営業なんてもってのほかだ。

では、どうするか?

答えは、向こうから来てもらえばよい。それには無料で味見をしてもらうのがよい。これは、よく言われる見込み客を開拓する方法だ。**メールマガジン、小冊子、無料セミナーなどは、これら見込み客を開拓するための味見**である。

これらは経費がかからない点がすぐれている。いきなり広告を打つと、反応が悪い場合、1回で失う金額が大きくなるリスクがある。コンテンツを少しずつ出していけば、そのリスクを最小にしながら見込み客獲得ができる。

売るには、本当はそれまでの実績を表に出す顧客の声がいちばんだが、最初は実績もないのが普通である。そこで、その際に活用する細かなテクニックはいくつもある。

文章の最初だけ読ませる、目次でコンテンツの中身を示して期待を膨らませる、メリットを謳《うた》う（時間を短縮できる、費用を削減できる、何年もかかったノウハウが手に入る、試行錯誤の時間と労力などのムダな経路をショートカットできる、失敗を回避できる、効果が○倍になるなど）、さらには期限を切る、人数を限定する、値上げを予告する、返金保証をつけてリスクをなくしてあげる、などなど。

さらに、最もよい方法は、本を出すことである。これについては後述（151ページ以降参照）する。

能力・ノウハウを売る際の注意点

では、こうした商品を売るときに注意すべき点は何だろう。

まずは、自分を高く見せておくことが大事だろう。

具体的には、前述したプロフィールを小さく縮こまらないで書く。さらに、値段を安易に安くしない、下げない。値段を安くつけると中身がないと思われるのも、知識商品の特徴だろう。さらに、知識や情報は1回知ってしまったら同じ客は同じ知識商品を買わない。したがって、あまり安くすると自分のクビをしめる結果となる。

また、ノウハウの知識はどんどん陳腐化していく。新しい知識を出していくか、深くしていかなければいずれ底をついてしまう。したがって、研鑽《けんさん》を積む、常に勉強をしていく必要がある。これは、好きな分野でないとつらいかもしれない。

だが、最も重要なのは成果を出すことだ。

購入した人が成功すれば、受験産業が合格者を大勢出すと繁盛するのと同じで、評判が立ち、逆にダメだと評判が下がったりする。売っている本人だけが成功しているだけだったり、売り逃げることとは、長い目で見ると得策とは言えない。

そういう点では、基本は他人に役立つことが大前提であり、出し惜しみせず、サービスしていくということだろう。

洋服の販売員の場合

浅川さんは、長年にわたって洋服の販売員をやられている。また、そのキャリアから販売員の育成にも携わり活躍され、現在も販売員教育のセミナー講師を務めている。ヴォーグ社に勤務していたときに、新規事業立ち上げのメンバーとして編み物の通信講座テキスト作成を経験した。

私の著書と出会い、自らの販売ノウハウを通信講座のテキストにして、後輩の販売員の指南書にしてもらえたらという思いから、「日本講座起業協会」に入会。

販売の世界は、基本的にマニュアルなどで勉強するよりも、先輩や他の優秀な販売員のやり方を参考にして学んでいくそうだ。浅川さんご自身の経験から、わからないときやうまく売ることができないときに頼りになるテキストなどがあればと思ったと言う。

そのような経緯から、販売員の方々に役立ててもらえたらと、これまでに習得した販売法をテキストにして、まとめあげようと決意した。

浅川さんは、使いなれたワープロでいつも文章を書いていたが、この機会にと、パソコンを習得するべく教室にも通い始めた。そして、小冊子を作成し、現在は「ウル・ウルテキスト」の完成に向けてがんばっている。また、同時に「日本優秀販売員育成協会」を立ち上げられた。

これから本格的に活動を開始するべく、テキスト完成に向けてパソコンとの格闘の日々を送っている。情熱あふれる浅川さんの思いがつまったテキストが楽しみだ。

小冊子を作成する

ここからは具体的事例に沿って小冊子、プレスリリース、本の出版について見ていこう。

小冊子というのは、通常A５判くらいの大きさの、ページ数も40ページ前後の薄い小さな冊子のことだ。

この小冊子を作れば、その後の展開が大変有利になる。私の会員の例でも、小冊子を作ったことが新聞記事になったり、雑誌の特集記事になったり、物販の全国展開といった成功につながっている。そして、年間に数名の新人著者が生まれている。

このように、小冊子を作るとその後の展開に大きくはずみがつくのは実証済みだ。また、小冊子を商品として販売するということも可能である。この場合の販売価格は１０００円前後が多いようだ。

いかがだろう。新聞記事にもなり、出版社にも送れ、本の出版にもつながる。さらに、そのまま売れる商品にもなる……。

三拍子も四拍子もそろったツールが小冊子である。ぜひ、作ることをお勧めしたい。会員の例でも、小冊子まで作成すれば何らかの成果につながっている。さまざまなメリットをあなたにもたらすことは間違いない。

ある出版社の編集者と話したときに出たのが、小冊子についてのこんな話だった。

「こういう具合に製本しておいてくれると、読みやすくてありがたいんですよねえ。いきなり書いた紙の束を送られてもこちらも困るし、企画書だけではわからないですからねえ。

実際、よくあるんですよ。企画書はものすごくいいのでいざ書かせてみると、ずっこけてしまうほど文章が下手なケースが。こういう小冊子があれば文章力もわかりますからねえ」

いかがだろうか。これが出版社側の本音である。

さあ、あなたも小冊子を作ろう。

いきなり講座テキストを書くのはかなりしんどい。そこで、練習用として小冊子を作ることをお勧めするのである。

その他の小冊子の使い方としては、以下のようなものがある。

・発刊する本の見本として無料プレゼントする

・資料請求してもらって無料プレゼントする
・本を購入してくれた人への読者プレゼント（アマゾンキャンペーンなど）

最近はケータイや2ちゃんねるのコンテンツまで本になる時代だ。ブログやメールマガジンに書きためたあなたのコンテンツを小冊子にまとめてみよう。小冊子は、表紙も1色刷なら数万円で作れるのでぜひ、活用いただきたい。

このごろはＰＤＦデータにする方法も出てきている。ＰＤＦの場合はコストはゼロになり、大変経済的だ。ただし、ネットの見込み客のみを対象と限定してしまう。小冊子と併用することが望ましいが、だんだんと比重はＰＤＦのほうに移っていくだろう。

自分の治療法を講座化するための小冊子の例

加山八平さんは、モスバーガーアメリカ遊学第11期生に選ばれて、〝人種別における筋肉、骨格疾患の違いについて〟を研究テーマとして渡米、サンフランシスコを中心に治療をして回った経験がある。

その治療のレベルの高さからアメリカでの開業の話もきたそうだが、あえて断り帰国後は真向《まっこう》法、導引術、ヨーガと東洋の技術をさらに学んでいったそうだ。その展開力はさらに拡大し、指圧、按摩《あんま》、マッサージと、独自の技を開発していった。後輩の指導育成にも力を入れ、精力的な活動を続けてきたそうだ。その奥深い〝技〟は、多くの患者から高い評価を得たと言う。

加山さんの治療が評価されている理由は、ご自身の痛風を乗り越えてこられたところにあるようだ。これまで痛風の発作を3回起こしている経験から、治療家として自らの身体でさまざまな治療を試し、新しい治療法を構築され、この5年間痛風の発作は出ていない。痛み苦しみを理解したうえでの治療法は、まさに〝痛風の神様〟と呼ばれ、患者の側に立った治療内容が、たくさんの患者から支持されている。

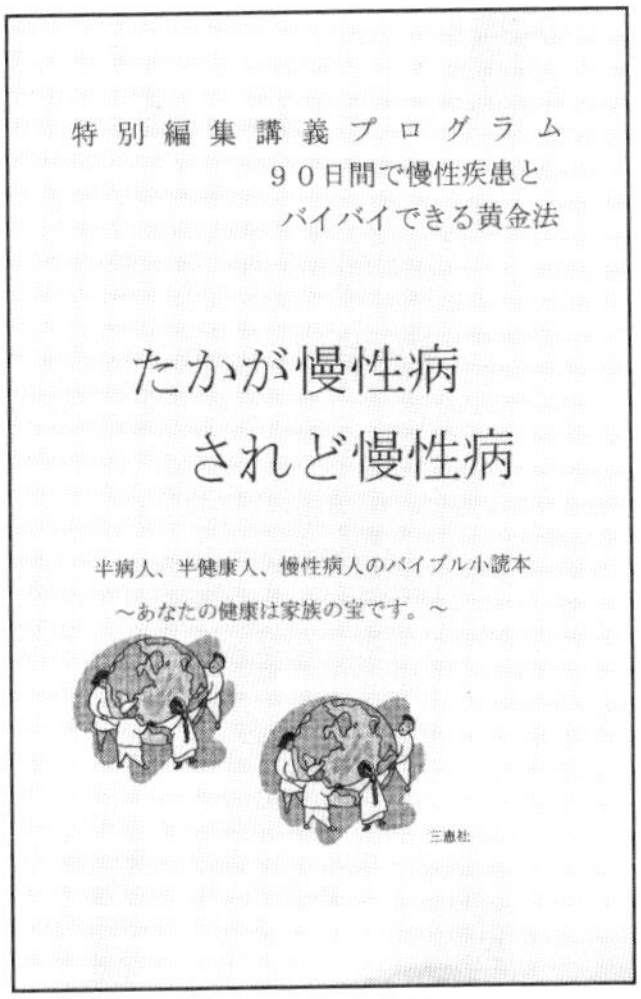
特別編集講義プログラム
90日間で慢性疾患と
バイバイできる黄金法
たかが慢性病
されど慢性病
半病人、半健康人、慢性病人のバイブル小読本
～あなたの健康は家族の宝です。～
三恵社
加山さんが作成した小冊子

そんな加山さんだが、開業先で他の治療家との間で治療法に対する意見の食い違いがあり、壁にぶつかり悩んでいたと言う。

そんなとき、私の本を読んだことで、「自分の構築した治療法を講座化することで、より多くの人に知ってもらうことができ、なおかつ治療家育成も果たせる。これだ！」と思い立った。

講座起業にかける情熱は熱く、その10ヵ月後に小冊子を完成させた。それと同時に、トータルケア（トータルヘルスボディ&マインドケアワーキングネットワーク協会）を立ち上げた。

小冊子作成は、内容面の他にも印刷部数、製作費用など考えなくてはならないことがたくさんあり、その頃は2日おきにメールの質問が私に届いた。絶対に成功させたいとの思いが伝わってきて、こちらも迅速に返答したものだ。小冊子の執筆は、もっぱら治療院での仕事から帰った夜中から始められていたようで、いつも質問のメール配信時間は深夜だった。

小冊子の完成原稿が送られてきて驚いたのは、その文章力の高さだった。70ページにおよぶ内容は、体の健康、心の健康、社会の健康とまさにトータルケアそのもので、現代人にとっての課題ともいうべき生活習慣による改善策などが書かれていた。

そして、自分の持っている健康に対するあらゆる知識が「講座にする」ということで、より精度を増し、これまでのように治療に通院してくる限られた人たちから、全国の悩める人々へと伝えることができ、大きな広がりを持つことができるのは、通信講座の大きな特徴だ。

印刷所から刷り上ってきた小冊子は300冊。早速、新聞社にプレスリリースをかけた。しかし「新聞社にプレスリリースをしています」と書かれたメールが来てから、ひと月経過しても連絡が入らない。あれだけメールが頻繁に来ていたのに、まったく連絡が入らないのが気になり、連絡したところ、新聞社の反響がいまひとつで掲載されないとのこと。

そこで、自信を失くしかけている加山さんに、新聞社が取り上げてくれないのであれば、媒体を変えてリリースをするようアドバイスをした。私の講座とつき合いのある健康雑誌「はつらつ元気」編集部に電話を入れ、「会員で新しい概念の健康関係の小冊子を作った方がいるので、一度見ていただきたい」と約束を取りつけた。

スタッフが随行して、加山さんは「はつらつ元気」制作部長に会いに行った。加山さんの「たかが慢性病されど慢性病」は、自身の痛風の経験を織り交ぜて、トータルの健康を謳っている小冊子ということで興味を持って話を聞いてもらえた。

そして、編集部に出向いた4日後に、「はつらつ元気」に小冊子「たかが慢性病されど慢性病」が大きく紹介された。

雑誌掲載は、自分の小冊子が初めて世間に向けて発信されたということで、感動はとても大きかったと言う。自分の作った小冊子は、まさにわが子同様の思いがあり、人々の手に取ってもらえる喜びとは、格別なものと言える。

現在、加山さんは出版に向けて準備中で、自分の作成した講座を通して慢性病で悩んでいる人を1人でも多く救うことが自身の人生の目標と邁進中である。

プレスリリースを有効に使う

肝心なのは、最初に顧客を創造しておいてから、テキストを作り始めればいいということだ。この順番が逆になると、大量の在庫を抱えることになる。時間もお金も労力もムダになってしまう。

そこで、まずは**プレスリリースで小冊子の反応を見よう**。テキストを作るのはそれからでいい。

このプレスリリースには、2つの利点がある。

まずは、社会的信用力がアップすることだ。考えればすぐおわかりになると思うが、〝ただの一個人であるあなた〟と〝新聞に掲載されたことのあるあなた〟とでは、世間の見る目ががらりと違う。言うなれば、上手に新聞の持つ社会的信用力を拝借するということだ。

これは試してみればわかるが、とても有効だ。一度掲載された記事は、以後ずっといろいろな場面で活用して、あなたの信用力の確保に役立てることができる。

もうひとつは、新聞記事を読んだ人からのリアクションが生じることである。これをあなたの講座の資料請求として活用すれば、信用力もつくし、見込み客も開拓できて、一挙両得である。これは、考え方としては広告を無料で掲載するようなものだ。

新聞広告は高額だ。だが、それ以上に問題なのは、読者から新聞広告があまり信用されていないということだ。信用されていないから、それだけ反応が少ない。

私の実験では、無料の記事のほうが有料の広告よりも3倍以上の効果があった。わざわざ高いお金を出すよりも、無料のほうが効果が高いというパラドックスがここにある。

この実験結果を突きつけたら、広告代理店も白状した。

「記事は最高の広告と言いますからねえ……」

つまり、彼らは最初から無料の記事のほうが効果が高いことを知りながら、高額な広告をセールスしているわけだ。これに引っかかってはいけない。無料のものより、効果が3分の1以下のものに高いお金を払う必要はない。

プレスリリースをガンガン出しまくろう！

なかなか載らないという声もあるが、そういう人にかぎって何通送付したか聞くと「40〜50通です」などと答える。どんなに少なくとも最低100通は送りたいところだ。新聞社宛てに郵送したりＦＡＸしたりするには経費がかかると言うが、たかが知れている。広告を1回出稿するのに比べたら、はるかに安く済む。運がよければ1回のリリースで複数の新聞に掲載される。

では、大新聞に掲載されるとどうなるか？　それは、すさまじい反響がある。

朝から電話が鳴り止まない。

トイレに行く暇もない。

朝6時台から夜中の11時59分まで電話があった。

また、通常はその日だけだが、なかには図書館で読んだのか、1ヵ月以上経ってからの無料小冊子の申し込みもあった。

もちろん、すべての掲載紙でこうだったわけではないが、この反響は、ぜひ一度体験してみていただきたい。

プレスリリースで「モノ」と「情報」を伝えた例

川島隆幸さんは、日本生命保険相互会社の営業部長として勤められたのち退職されて、「総合調査業」として独立した。事業は順調に進んでいたが、何かもっと人のためになるこ

新聞各紙に紹介された当会の活動

＜毎日新聞＞

起業アドバイスの小冊子を　ジャンピア日本講座起業協会は、起業の予備知識や失敗回避策などをまとめた小冊子「少予算で起業する3つのポイント」（小林敏之著　A5判48ページ）を先着300人にプレゼント。はがきに郵便番号、住所、氏名、年齢を明記し〒170－6001東京都豊島区東池袋3の1の1　サンシャイン60　1階MBE110　ジャンピア日本講座起業協会小冊子プレゼント係。同協会☎03・3956・5144。

＜産経新聞・経済面＞

あなたも起業家

経営コンサルタント、エコノミストらが個人の起業家育成を目指すジャンピア日本講所起業協会（東京都豊島区、小林敏之代表）は、起業の予備知識や新規事業を立ち上げるポイントをまとめた小冊子「少予算で起業する3つのポイントRoad to the TOP」を作成した。経営コンサルタントの小林代表が四年間かけて市場調査した結果をまとめたもので、起業の会社設立の留意点、小林代表の体験なども掲載している。

A5判四十八㌻。先着三百人に無料配布している。問い合わせは同協会（☎03・3956・5144）。

＜伊勢新聞・11面＞

情報ファイル

◆起業アドバイスの小冊子を先着300人に進呈

ジャンピア日本講座起業協会は、失業中や起業を考えている人を対象に、経営コンサルタント、市場調査専門家がまとめた起業アドバイスの小冊子「小予算で起業する三つのポイント Road to ToP」（A5判、48㌻）を先着300人にプレゼントする。

同協会代表の小林敏之氏が4年間調査したものをまとめたもの。フランチャイズ加盟、事務所や店舗、会社設立登記、備品購入など、起業の失敗をあらかじめ回避するための予備知識や新規ビジネスを立ち上げるためのポイント、さらに同協会独自の推奨ビジネスも紹介している。

起業に適した新たなビジネスを提案することを目的にまとめた冊子で、業種や地域を問わず、起業を志す人すべてに共通する内容となっている。

応募方法はファクスで、〒住所、氏名、年齢を書いて、ジャンピア日本講座起業協会小冊子プレゼント係℻03（3956）4635へ。1人1冊限り。

＜神奈川新聞・暮らしの経済面＞

■起業アドバイスの小冊子を300人に

ジャンピア日本講座起業協会（東京都豊島区）から。「少予算で起業する3つのポイント　Road to Top」＝写真＝で、起業の失敗を回避するための予備知識や新規ビジネスを起こすためのポイント、推奨するビジネス紹介など。市場調査の専門家で経営コンサルタントの小林敏之代表がまとめた。A4判、48㌻。電話か、「必要事項」を備いて、ファクスでジャンピア日本講座起業協会「小冊子プレゼント神奈川新聞係」へ。先着順。

☎03（3956）5144、ファクス03（3956）4635。

＜埼玉新聞・14面＞

◆「少予算で起業する３つのポイント」を300人に

起業を考えている人を対象に、小冊子「少予算で起業する３つのポイント」を300人にプレゼント。

〒住所／氏名／年齢を明記し、ジャンピア日本講座起業協会小冊子プレゼント係（℻03・3956・4635）へファクス。先着300人。

問・ジャンピア日本講座起業協会

☎03・3956・5144

＜名古屋タイムズ・4面＞

市場調査専門家による起業アドバイスの小冊子「少予算で起業する3つのポイント」が出た。ジャンピア日本講座起業協会（東京）の発行で先着300人に無料提供。

起業読本あげる

A5判、48㌻。希望者は郵便番号、住所、氏名、年齢を書いてファクス（03・3956・4635）へ。業種や地域を問わず、起業を志す人には参考になりそう。不況の中、チャレンジ精神が自らを救う!?

とをやりたいと悩んでいたという。

そんなときに、私の本を読んだことで講座を受講。新たなるビジネスのスタートのきっかけとなったそうだ。

また、その頃、奥様を通して「羅漢果《らかんか》顆粒」という商品との出会いがあったそうだ。いろいろ調べた結果、とても優れた商品と知り、自分の使命は全国の健康で悩んでいる人のもとへ、その商品を届けてあげることだと実感したと言う。

この「講座起業」と「商品」との出会いが、川島さんの人生を大きく変えた。まず、「日本羅漢果普及協会」を設立。小冊子作りを学んだ川島さんは、さっそく小冊子「長寿神果羅漢果で生活習慣病を予防・改善しましょう!」を作成した。各新聞社にプレスリリースを送り、伊勢新聞に掲載された。

その頃、不安と期待の入り混じった状態の川島さんより、よく連絡をいただきアドバイスした。新聞には予告なく掲載されることが多く、掲載を知らせる電話を一日千秋の思いで待っていた様子が懐かしく思い出される。

伊勢新聞で紹介されてから口コミが発生し、「日本羅漢果普及協会」は全国の健康を願う人々より支持されるようになっていった。「モノ」だけではなかなか売れない時代だが、「情報」が合わさることにより、大きな広がりを見せてくれたことは、私としてもうれしい

あなたの本が書店に並ぶ！

かぎりだ。

本の出版を目指す

自分の本が出せたらどんなにいいだろうと思っている方は案外多いのではないだろうか？　いまは出版不況と言われているが、ぜひ果敢に挑戦していただきたい。

自分が書いた本が書店に並べられたときの感激はひとしおだ。まさに自己実現である。

私は、最初の本を出版したときは失業者のようなものだった。もちろん、自分で講座を開講し、新聞社にプレスリリースした結果、産経新聞や毎日新聞などに紹介されたおかげで、会員制情報ビジネスは順調に推移してはいたが、それでも、はなはだ心もとない立場だったわけである。

そんな私が、その頃まだあまり世間に知られていなかった知識をまとめて商品にして売る【情報起業】についての企画書を出版社に送ったら、たまたま通ったのだ。たしか類似書は、当時は翻訳書の『実践！　億万長者入門』しかなかったはずである。これは、アメリカでの事例を書いたものだったが、当時私は独自にすでに日本でも展開されていた情報ビジネスを研究していた。

特に私が研究したのは、不況下でもひとり勝ちしていた通信教育ビジネスだった。私はこれをたった1人でもできるように起業用に改良していた最中だった。『実践！　億万長者入門』の本には通信講座の記述はほとんどなかったが、「情報起業家（インフォプレナー）」という考え方はまるで同じだったので驚いた。

あなたのコンテンツを本にして出版する

私は、会員にいつも「本を書け」と勧めている。本ではおよそ２００ページにわたって自分の考えをくわしく説明できる。しかも、印刷費用は出版社持ちだから一切かからない。

本の出版は、大変難しいと思われているが、実際にはそれほどではないのだ。

また、本を出すと印税が得られる。これは権利収入なので、本が売れれば売れるほど、何もしなくても勝手に印税が銀行口座に振り込まれる。私も最初の本で4回増刷がかかり、初版と合わせて5回も印税が振りこまれた。つまり、収入をもらいながら自分の考えを広く伝えることができる。

そして、この本が強力なブランドを作ってくれる。あなたは、ただの人から、ある日突然著者になるのだ。

さらに、出版にはこれにとどまらない波及効果がある。雑誌社から原稿依頼もあるし、講演やコンサルティングの依頼も来る。もちろん、ファンレターも来る。自己実現という意味からもお勧めだ。お金をもらいながら、すべてを得ることができる。まさに魔法の方法と言える。

さらに、相乗効果がどんどん働く。もちろん、あなたの商品はどんどん売れる。まさに願ったりかなったりなのが、本の出版だ。本を出すことさえできれば、極端に言ったら、お金も名誉もすべてかなう。私も講座では強く出版を勧めていて、まずは通信講座で学習する。そのうえで、希望者には出版プロデュースも手がけている。

こう書くと「そんなにカンタンに出版なんてできない」という声が聞こえてきそうだ。「出版なんか無名の素人にできるわけがない」と。

だが、それは間違っている。私は無名だったし、会員からも続々と出版に成功する人が増えている。無名であることは出版にとってまったく妨げにはならない。

本を書く時間が豊富にあるという利点

自分の著書を出版すると、ノウハウ本の場合、「専門家」と認知される。**本を出版したことがあるということは、仕事をするうえで非常に有利に働く**わけだ。

したがって、特に失業をされた人は自分の力を証明する手だてが何もないわけだから、ぜひ自分の本を出すことに挑戦することをお勧めする。

失業したからと言って、社会の底辺だと決めつける必要はない。失業＝執筆して著者、として生まれ変わったって誰も文句は言わないのである。私はリストラというマイナスが、本を出したことでリセットボタンが押されたような錯覚を覚えた。

本の出版は、あなたが思うほどには難しくはない。俗に1万人に1人などと言われるそうだが、実感としてはそんなに難関ではないと思う。最初からあまりに「難しい」「高いハードルだ」と構えてしまうと、気後れしてしまい、それが結果的によくない影響をおよぼしてしまう。

　まずは、気楽に自分にも書ける、自分だって出版できると考えてみたらどうだろうか。そのほうが、よい結果に結びつくと思う。

　個人的には出版は難しくないと思う。なぜなら、リストラして失業者だった私自身が容易に出版できているからだ。失業者から著者なんて「そんなことは無理だ」と言うかもしれないが、会員で著者デビューをした人は、私をはじめみんな食うに困った人たちが多いのである。

　むしろ、失業したということは、目先の仕事がなくなった分、時間も豊富にあるのだ。その時間を活用して、自分の経験の洗い出しと執筆活動にいそしんだほうが得策だと思う。実際、本を書くのには時間がかかるので、忙しい人には難しい面も否定できない。実は、本を書くのにいちばん有利なのは失業者かもしれない。要は考え方次第である。

本は最高のマーケティング・ツール

とにかく、本を出すといきなり世界が変化する。自分は何も変わっていないのに、世間の受け取り方がまるで違うのだ。本当に驚くほどである。

私などは1冊目の本を書いてすぐにあるセミナーに出たのだが、講師から紹介されると、いきなり他の参加者から羨望のまなざしで見られる。なにか自分たちと違った人間であるかのような反応に、正直こちらのほうがびっくりするほどであった。

「サインをしてください」とか「あなたの本を読みました」とか言われると、天にも昇る気持ちがするものだ。本を出版したというだけで、それまでのしがない情報起業家に一気に信用力がついたのは間違いなかった。

世間では大学は出たけれどとか、資格は取ったけれどまったく食えないという例は多い。そうした学歴や資格を取得するよりも、本を出版することで一気に信用も獲得できるし、お客さんも向こうから勝手に来てくれる。名も実も両方手にすることができるのである。

本を出すと「会いたい」と言う人が現れる

本を出すと、うれしいことに手紙をいただく。

さらに、不思議なことに「ぜひお会いしたい」という電話が多くかかってくるようになる。最初はそうしたことを想定していなかったから、「じゃあ、3000円で」などと値段をつけて会っていた。

私は「ただ会うだけで3000円もらえるなんてラッキーだな」ぐらいにしか考えていなかったが、先輩コンサルタントから聞いた話では、そういう場合、会ってはいけないそうだ。わざと会わないでセミナーに誘導するのだそうだ。私の場合はおいしい思いをしていたつもりが、実は儲け損なっていたようだ。

私も経済研究所や能率協会グループに勤めていた当時は、稼動1日当たりの金額は高かったが、それはしょせんサラリーマンとしてのものだ。個人的には、少し前まで失業者だったため、3000円で会うだけでも儲けものと思えてしまったのだ。ところが、会って面談する場合の相場はもっとずっと高かったのである。

そう聞いて、ならばと私も5000円、1万円と値上げしていったが、本当に「それでも会いしたい」と言ってくる。とうとう最後には年間１７０万円のコンサルティング契約まで結んでしまった。最初に50万円いただいて、その後は1日4時間ほどで1回10万円という面談をしていた。ただし、のちにそれもお断りした。

人にお会いするのは基本的に嫌いではないのだが、時間を切り売りしていくと、自分自身の情報をインプットしたり、ものを考えたりする時間がどんどん削られていくことがわかったからだ。知識が唯一の資産なのに、その資産をブラッシュアップする時間が不足していくのは、どう考えてもマイナスだと判断したからだ。

人それぞれに考え方はあると思うが、人と会うことに時間を取られると、どうしても研究時間がなくなってくるのは確かだ。このあたりは新米インフォプレナー誰もが遭遇する問題なのかもしれない。

最初のうちは、読者から「どうしても会ってほしい」と言われると、ついうれしくなって会ってしまうのではないだろうか。まあ、それも仕方のないことだが、最終的にいくらで会うにせよ、やはり自分の最大の資産は時間であることだけはおぼえておく必要があるだろう。

ここでの本題は、自分の値段を高くしろということではない。本を書けば余得があるということを書きたかったわけだ。

本を読んだ人が、直接会いたいと思うほかにも、セミナーに出たい、何か書いたものがあれば買いたいと、自然になっていくのである。これは、たった1冊しか書いていない若葉マークの自分にとって望外の幸せだった。この幸福感をぜひ、あなたにも味わっていただきたい。

だが、いっぽうで遠距離からコレクトコールをかけてきて早口であれも教えろ、これも教えろとまくしたてられたことがあったが、こういうのはご勘弁願いたいものだ。

恐れる心が出版を抑えていないか？

講座起業にとって、出版は大きな武器となる。まったくの無名の立場から、著者という立場を得ることで信用力がアップされるからだ。つまり、非常に強力な名刺を持ったこととなる。

では、どうしたら出版できるかについて考えてみよう。

なんだそんなことと言わず、聞いていただきたいのだが、「本を出したい、本を出したい」と常日頃から言っている人がいるが、結局書けないのである。いや書かないと言ったほうが正しいかもしれない。

その理由は、自分にはまだまだ他人様に読ませるようなモノは書けない、仕事が忙しく時間的に無理だとかいろいろ理由をつけるが、まず自分の心の中にある〝出版への壁〟が邪魔をしているのである。

世の中にデビューするということは、うれしくもある反面、恐怖感もあるのだ。大げさに言えば、出版を機に自分のこれまでの生活スタイルが崩れそうな不安を覚えるのである。もし本が売れたら……それはとても喜ばしいことである反面、習慣を崩される恐怖をともなう。人間は、慣れ親しんできた状況を好む傾向にあるので、そのような心理が働きやすいのではないだろうか。

出版を願っていたKさんは、知り合いを通じて出版社とつき合いのあるMさんと知り合いになった。Kさんが本を出したいことを知り、企画書をきちんと作ってくれれば、細かい手直しをして、いくつかの出版社に当たってくれるということになった。

Kさんはまたとないチャンスに天にも昇る思いだったが、1週間が過ぎ、2週間が過ぎても、企画書はいっこうにできなかった。結局、その話は立ち消えになってしまった……。

そんなもったいないことと思われるだろうが、こうしたケースはよくあることだ。出版が遠いところにあったときにはわからなかった、書くということの大変さや、本を出したあとのことが精神的に重くのしかかってきたのだ。

本を出版したいと思っていても、潜在意識では出版することへの恐怖感があり、いざ出版が現実のものとして近づいてくると、心の奥底にある恐怖感がムクムクと大きくなり、しり込みしてしまう。つまり、出版したいという情熱を持ち続けることに加えて、心にある壁を取り除いておくことが大変重要となってくる。

そうした恐怖感は、自分の心に問いかけていくメディテーション（瞑想）を日常的に行うことで改善される。2章で紹介した「内観法」がお勧めだ。くわしい紹介はここでは省略するが、心との対話が重要なファクターとなることだけは覚えておいていただきたい。

ブログを作ることもお勧め

次に、よく耳にするのは文章が書けないということだ。

本を出してみたいと思っている人の大半が、文章力がない、長くなんて書けないと言う。文章力をつける――これは量を書くことが第一条件となる。常日頃から文章を書く習慣をつけておく必要がある。できれば人に読んでもらえるほうが、緊張して書くようになるので自分のブログなどを作ることがお勧めである。

とにかく、趣味でも好きなことでも何でもかまわないので、書いてみることだ。読者がつき、コメントをもらえたりすると励みにもなるので、やっておくといいだろう。また、文章を書くということは、自分の中にたくさんのインプットがなければ、書くことは難しい。本を常日頃から読み、研究しておく必要がある。

さて、絶対に本を出そうと決心して、文章を書く自信もついてきたとしよう。さらに、テーマも決定したら、いよいよ**企画書の作成**となる。

ここからが大きなハードルである。自分では面白い企画書と思っても、そうカンタンには受け入れてもらえない。

編集者には勘が鋭い人が多く、一瞬で企画書のだいたいの内容を読み取る。時代性を考慮し、他にはない新しさを満たし、見事、出版のゴーサインをもらえるところまで行きつくのは、険しい道のりである。

何社も回り、来る日も来る日も断られていくうちに、自信がなくなり、あきらめてしまう場合も多い。自分で売り込むのに限界があるのは、そのようなあきらめの心境となっていってしまうところにもある。

ところが、いまでは出版社と著者との間に入って橋渡しをしてくれる「出版プロデュース」なるものができている。自分の足でコツコツと回るよりも、企画書を渡してプロデュースしてもらうほうが出版への確率は高くなる。また、自分は自分で出版社へのアプローチを続けていく2本だてで臨むこともできる。

私の講座でも、出版に向けたプロデュースをスタートさせ、現在2人の方が進行形で進んでいる。いずれも情報起業家だが、出版をして知名度をあげたいと意欲的だ。

もう一度言うが、そこまで到達するためにいちばん必要なのは、心の中にある〝壁〟を取っ払うことである。大きな武器である出版を、ぜひとも手に入れて進んでいってほしい。

自分の本は自分で売る時代

さあ、あなたの本が出版された。従来だったら、著者は販売を出版社に任せておけばよかった。だが、いまや出版不況で本が売れなくなっている。書店も閉めるところが増えている。だったら、自分つまり著者自身で売るしかない。

私は立場上、何人もの情報起業家と言われる人たちを見てきたが、彼らは等しく自分で売る力がすごい。自分のメルマガやブログで自著を宣伝するのは、いまや常識である。著者自ら書店回りをする。さらに、自分で自分の本を買い込む。この場合、出版社から買えば、著者割引といって8掛け、つまり、定価の80％の値段で買える。１５００円の本だったら１２００円だ。

しかし、最近はわざわざ〝アマゾンキャンペーン〟のために定価で買う人が多くなっている。アマゾンで1位になれば広告効果抜群というわけだ。実際、自分の本をアマゾンで大量に買って、順位をあげるという涙ぐましい努力をする人が増えている。

では、大量に買った自分の本はどうするかというと、セミナーを開催して自分で手売りする。つまり、著者は自分で本を書いて、自分で買って自分で売っているわけである。

さらには、全国の書店にファックスＤＭを送信して注文を取ったり、新聞広告を打ってしまう著者もいて、従来なら考えられない領域まで著者自身が手がけるケースが出てきた。

著者は書く人、出版社は売る人という役割分担が完全に打ち壊され、いまや著者が「書く」と「売る」の両方を担当するケースが増えているのだ。これは、出版不況の中で著者自らが立ち上がっている状況だと言える。

これからは本を出版するためには、ますますメルマガの読者数、小冊子の配布リスト数、会員数など、自分で売るための基礎となる「数」が必要となってくるだろう。

自費出版で自分プロデュースする人たち

ここまで見てきたのは、いわゆる商業出版についてだが、実は**自費出版**という形もある。

これは、印刷費などすべてを著者自身が負担して出版するものだ。

自費出版と言えば、従来であれば、リタイアされた方が人生を振り返り、楽しみとして自分史などを出版するためのものだったが、最近は著者が第二の出版の方法として活用するケースも増えている。

だが、自費出版の場合には思わぬ落とし穴もあるようなので、出版する会社の選定は慎重にする必要があろう。1000冊程度であれば50万円くらいで作ってくれるところもある。だが、そうした安く作ってくれるところは、全国の書店流通はやってくれないケースが多い。書店流通も含めると、最低100万円以上はするようである。相場としては、200万円前後のところが多いようである。

これだけ高額な費用がかかってくるわけだから、採算に合うという前提でなければ強くお勧めすることはできない。だが、目算が立つのであれば、マーケティング的にはこうした手法も考えられるだろう。むろん、積極的にお勧めするわけではないが、一考の余地はあるのではないだろうか。読者に有益な何かを伝えるという前提での話ではあるが。

ただし、自費出版の際には、出版社の営業力が期待できない分、さらに自分で売っていく覚悟が要求される。

いずれにしても、本は最高のマーケティング手段であることから、著者の本へのスタンスが従来とはずいぶんと違ったものになってきていることだけは確かなようだ。

会報誌の役割

この章の最後に、講座を立ち上げたあとに、会員により満足してもらい、また、より順調に運営するためのポイントをいくつか指摘しておく。

通信講座には、**テキストと会報誌がセット**のものが多い。その会報誌の役割だが、ひと言でいえば会員へのフォローということになるだろうか。

通信講座は、1人で学ぶものなので受講生も孤独だ。そこで、会報誌で会員同士の近況を知ることができるようにする。同じことを目指している人の近況や成果を知る機会を紙面で作ってあげるわけだ。

会員からの便りを募集して、現在の進展状況や悩みなどを書いてもらえると望ましい。とは言え、コンスタントに便りが来ない場合もあるので、その場合はこちらから連絡をして書いてもらうとよい。

また、テキストで勉強するため、会報誌は多少の娯楽性やメンタル面のケアがあることが望ましい。それには、いろいろなパターンがあるが、そのひとつにテキスト内容とはまったく関係のない題材を扱うものもある。たとえば、映画の紹介や本の紹介、または簡単な料理のレシピなどさまざまだ。

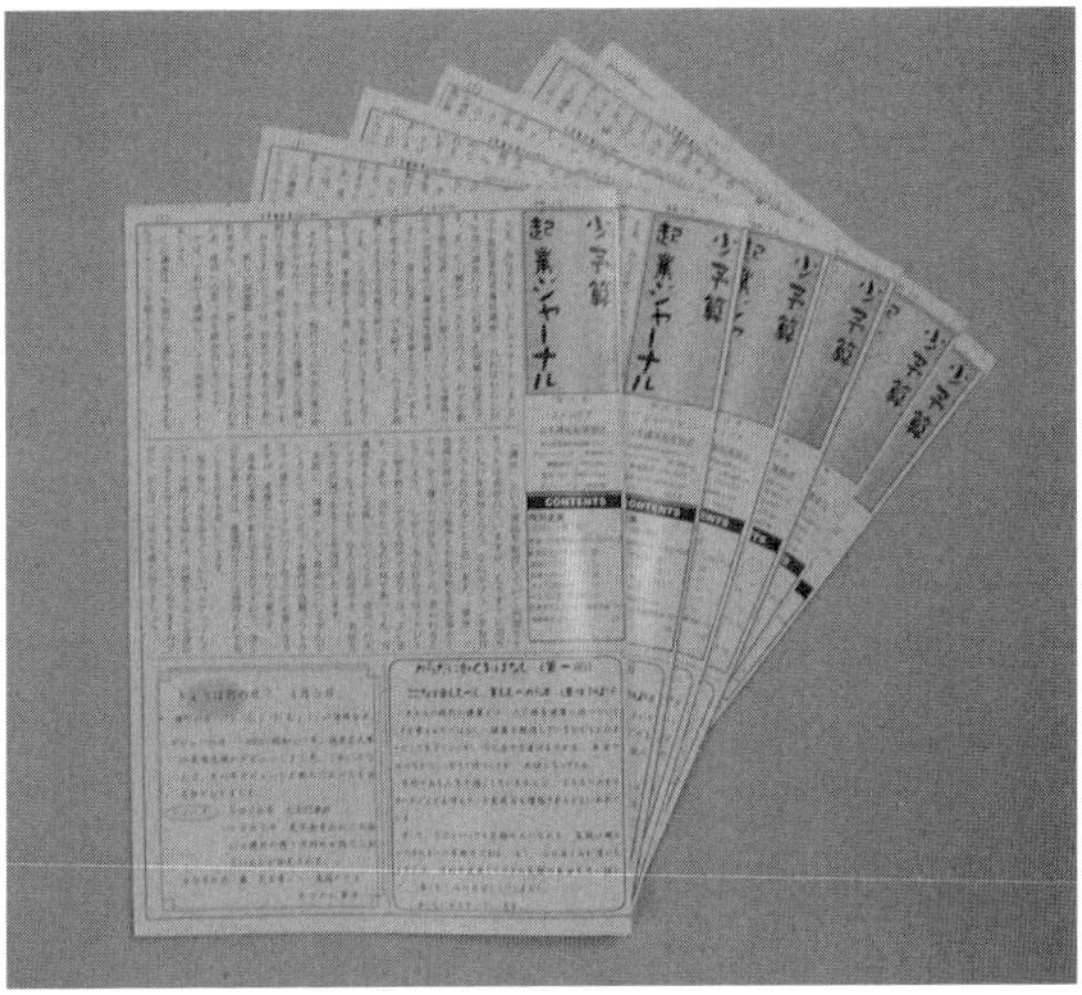

私が作っている会報誌「少予算起業ジャーナル」

子供の通信教材の会報誌では、マンガが連載されていたり、友情についてのコラムがある。

これらは、一概になにがよいとは言えないが、映画やショッピングなどの娯楽情報は他でも手に入るので、そのテキストに沿った会報誌ならではのコラムや特集などがいいだろう。

ちなみに私の会報誌「少予算起業ジャーナル」では、起業家の心のあり方についての連載や、アイデアの出し方についてのコラム、会員の事例発表、質問コーナーなどがある。

次に、その様式だが、これもいろいろなパターンがある。紙の種類、用紙サイズ、折り方などは、まったく自由に決めてよいので、他の会報誌を参考に考えていっていただきたい。

用紙が決まったら、レイアウトである。これは、一度決めてしまえば、テンプレートとしてずっと使っていくので、最初にしっかりとレイアウトを考えることが大切である。まず全体の雰囲気は、どのようなものにするかを決め、各コーナーの配置を決定する。また、題字のフォントで雰囲気はがらりと変わるので、いろいろ試して決めてほしい。各コーナーのコンセプトも初めにしっかり考えておくことで、以後の仕事がやりやすくなるだろう。

とにかく、テキストという料理に対するデザートと考えて、ピッタリくるものを考えてみていただきたい。会報誌で会員とつながりを持つことができるのである。楽しんで作れるものにしていっていただきたい。

講座会員をフォローする方法

通信講座は1人で勉強するので、挫折しやすいという面を持っている。

「質問票」の例

疑問点の解決や、不安要因を取り除くことで前に進んでいくことができるが、先生も他の生徒も側にいるわけではないので、1人で考えなければならない。また、講座起業では、数学のようにこれが正解という回答はないので、答え合わせをするわけにもいかない。

そこで力を発揮するのが、電話相談やファックス、メールで質問を受けるサービスだ。会員の疑問点や困っていることなどを聞いて、解決法をサジェスチョンする個人向けのコンサルというところだろうか。

それを無料でやるか有料にするかが問題となるが、ちなみに私は、無料で行っている。当会のように無料の場合と、コンサル料として有料にする場合がある。

内容としては、電話相談は毎月1回20分と決め、あらかじめ日程を組み、予約してもらう。その他に、手紙やファックスで質問を受けて、郵送で返答する。

これらの作業は、一見大変そうだが、会員の持つ疑問点や不安に感じる点を把握できるので、講座内容の向上に非常に役立つことになる。

また、顔が見えない一方通行の通信講座だが、電話や手紙のやり取りによって心理的距離が近くなり、信頼関係が深まることも利点である。

通信講座とはいえ、そこはやはり人と人との信頼関係が結びつきを太くするのである。

会員情報の管理

通信講座事業では、会員情報の管理が必要となる。

これに関して、まず、最初にやることとは、会員のデータベースを作成することである。これは、エクセルやアクセスなどのソフトで作成できる。アクセスは、特に顧客管理に便利である。

会員の情報を1人ひとり入力していくわけだが、そのデータベースは一度作ってしまえばずっと使えるので、項目をていねいに作っていくことをお勧めする。入金や発送などのデータを扱うだけではなく、入会後半年経過した人に対してプレゼントがある場合など、会員によってプレゼント月が違ってくるので、データベースにプレゼント送付時期の情報を入れておけば、それぞれの発送日に忘れずに届けることができる。

また、メモの欄を用意しておいて、カンタンなその人の特徴や○○のコンテンツ作成中などと入れておくと便利である。

会員情報の管理は、非常に重要な個人情報なので、細心の注意を払って扱わなければならないのは言うまでもない。

5章

自分の経験をマルチユースするノウハウ

作家とメルマガ主宰者と講座起業家との違い

私は職業がら、いろいろな作家の方とお会いする機会がある。お話を聞いていると、「えっ」とビックリすることがある。

それは収入の話になったときだ。

活字離れで本が売れないと言う。年間10冊書いて、「年収が1000万円」だと言う。ご本人は、それを何年間も続けてキープしていると言っていた。

私が「自分は本を1冊書いて収入はウン円だ」と言うと、今度は相手が「えっ」とビックリするのだ。

「なんで?」と、そのあと聞かれる。「どうやってるの?」と。

また、ネット関係にも知り合いが多い。ネットの人たちもいろいろがんばっているようだが、収入を聞いて、またまたこちらが「えっ」と驚くのだ。

こちらも構造は同じなのだ。メルマガを10誌書いて「年収が1000万円」だと言う。またまた、ご本人はそれを何年間も続けてキープしていると言っていた。

「自分は本を1冊書いて収入はウン円だ」と言うと、また相手が「えっ」とビックリするのだ。

そして、私に対してみんなが言うのは、「小林さんが一番楽してるようだ」。

これに対して、「私もそう思う」といつも答えている。

どうやら、情報起業家が最もコスト・パフォーマンスがいいようだ。これは結局、一度の労働が何度も何度も収入をもたらしてくれるということが大きいと思う。

もちろん、作家も一度の労働で印税収入として何度も収入を受け取れるのだが、いかんせん、このごろは出版不況ということもあって本が思うように売れていかない。

文芸よりもビジネス書のほうに需要が移っていることも影響しているとは思うが、やはりいちばんの原因は通信講座テキストという〝掛け算〟が働く商品による収入が大きいのである。その作家の方はその後、ご自分でも情報起業を始められて成功されているようだ。

自分で作った商品であれば、搾取されることもないから利益率は高い。それほど数が売れなくても、高額商品であればひとつ売れても利益は大きいのである。

コンテンツをマルチユースする経済学

「ワンソース・マルチユース」というのは、ひとつのソース（情報のもと）があれば、そこからあらゆるメディアの商品ができるということだ。

デジタル技術では、もはやひとつのものを他のものへ流用するという技術がほぼ完成しつつある。したがって、あなた自身のコンテンツがひとつあれば、それをさまざまな商品の形に加工して売ることができる。

たとえば、セミナーで講演して、それを録画すればビデオやＤＶＤになる。録音だけでもカセットテープやＣＤになる。ワープロにすれば講演録のできあがりだ。セミナーから、いろいろなメディアの商品ができるのがおわかりだろう。

本にしても同様だ。豊富な経験があったり、綿密な調査をしてあれば、参考資料は山ほどあるはずだ。これらが多すぎて1冊の単行本におさめるのが無理であれば、その収まりきれない膨大な資料なり知識をまとめて、別冊として売ることができる。それはバインダーでもいいし、高額本でもいいし、レポートでもいい。もちろん、ＰＤＦファイルでもいいし、分冊にして通信講座にしてもいい。

このワンソース・マルチユースの考えを応用していくと、いろいろな可能性が広がっていくと思う。水という液体が、氷という固体になったり、水蒸気という気体になったりするが、もとは同じ水であるというのと同じようなものだ。

ここで言う液体、固体、気体は、それぞれコンテンツ市場で言えば、生（ライブ）、パッ

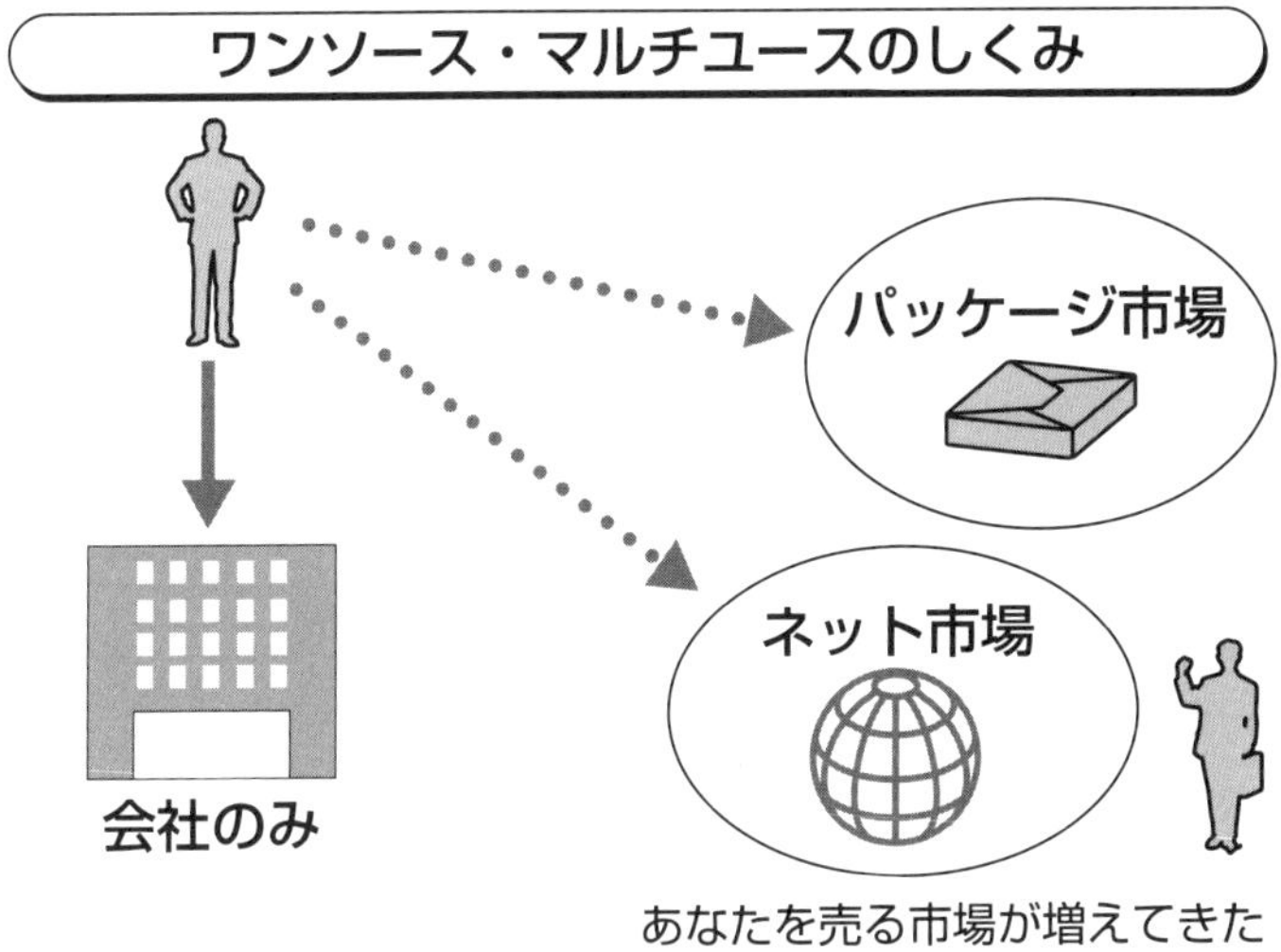

ケージ、ネットに相当するのではないかと思う。

先の例で言うと、セミナー（生、ライブ＝液体）、ビデオやＤＶＤ（パッケージ＝固体）、ネット配信（＝気体）となる。

ひとつのコンテンツから複数の収入が得られるのは結構なことだ。こうしたワンソース・マルチユースの考え方は、人についての働き方も今後は変えていくのではないかと思う。

たとえば、サラリーマンは時間を拘束されているわけだが、これは明らかにライブである。いままでの働き方は、何の疑問もなくこのひととおりでよかった。だが、これからはそうはいかないのではなかろうか。

なぜなら、パッケージ市場とネット市場がほぼ同時に新しく立ち上がったからである。いままではライブだけでよかったのが、ある人は自分の知っている知識を本やマニュアルというパッケージにして販売する。すると、これが売れる。また、それをネットで売るとまた売れる。そうしてリアルで会社に通っていわばライブだけで稼ぐ人よりも、収入が何倍も多くなる。

いま、こうした現象がそこここで起きている。水と同じように、人間も液体、固体、気体の三態で稼ぐほうが実入りがよいのである。リアルとしての自分のほかに、パッケージ市場、ネット市場での自分も作り出すほうが効率がよい。売り物は生身の自分だけではないということだ。

パッケージ市場の自分、ネット市場の自分も考える必要がある。これが、ワンソース・マルチユースを使った自分という商品の展開法だろう。

たったひとつの市場で売る時代から、3つの市場で同時に自分のコンテンツを売ることができる時代になったのである。

これは、いまはまだ一部の者のみが知る働き方だが、今後、社会全体に価値観も含めて大きな変動を起こすことになるだろう。

通信講座の価格ではないが、経済産業省の「特定サービス産業実態調査」の中に、カルチャーセンターの1時間あたりの講座料金がある。参考までにこれを見ると、60分当たり受講料は平均で1175円、最も高い受講料という項目を平均しても3171円となっている。ずいぶん低い受講料である。

講座の値決め方法

講座の値決めに関しては、これという方法は見当たらない。出版の世界でも、1000円前後の単行本もあれば、数万円の高額書籍もある。要は、お客と出版社双方が納得すればいいわけである。あなたの商品も、はっきり言えばいくらに価格を設定して売っても構わない。

あくまでも参考だが、小冊子だったら1000円前後からあるし（もちろん無料のものが多いのだが）、e－bookなら数千円から数万円まで、通信講座テキストなら5000円以上、マニュアルは数千円から数万円、セミナーは3000円以上、CDなら5000円前後、ビデオ、DVDは数千円から1万円前後、コンサルティングにいたってはピンからキリまである。

カルチャーセンターの受講料

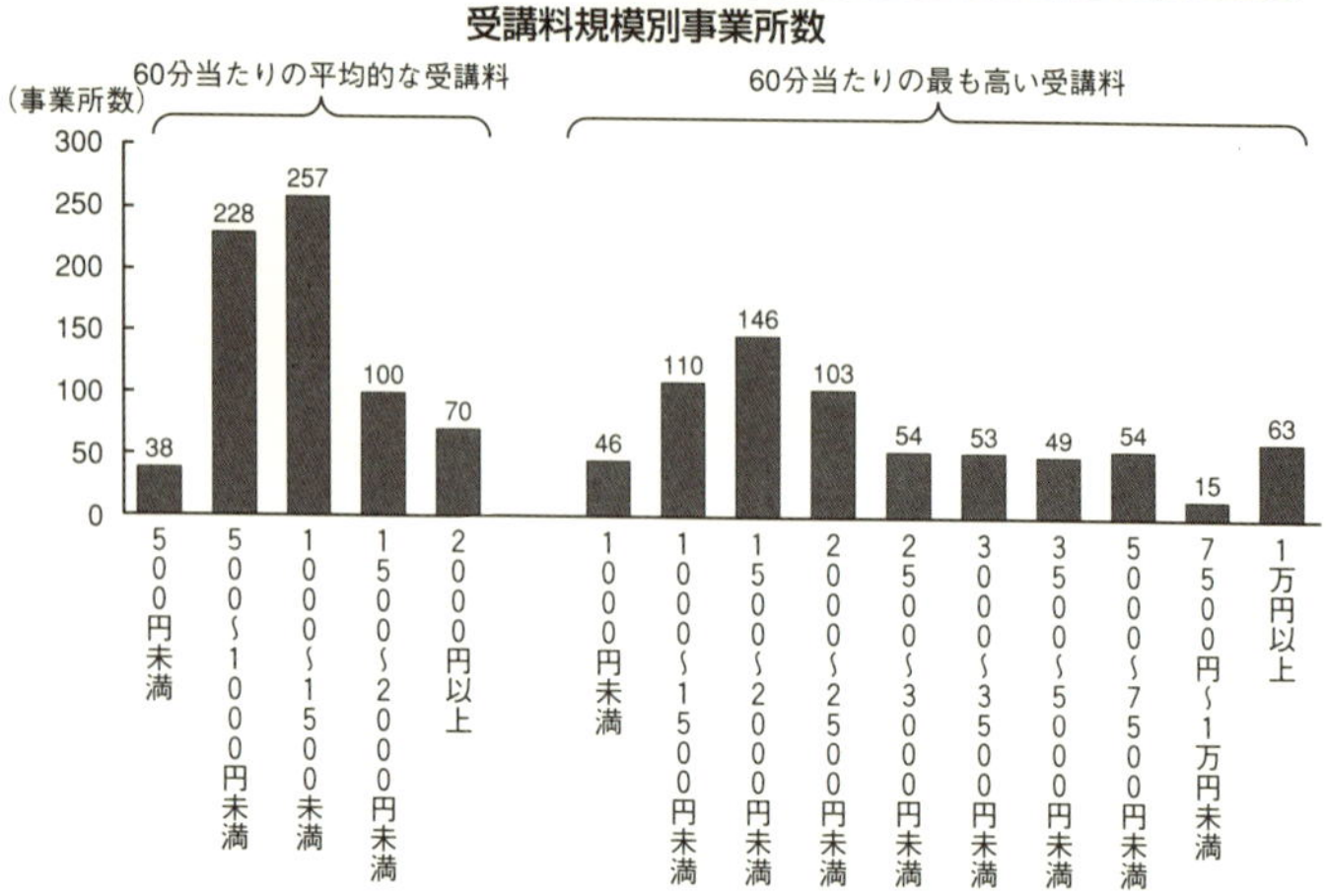

「特定サービス産業実態調査」より

値決めに関しては、値決めはお客に聞くという方法と同業他社の価格を調査して決める方法があるが、最終的にはあなたが判断して自由に決めればよい。

感度分析法

たとえば、○○円～△△円と、しきい値を設けたアンケートを実施して、ユーザーに回答してもらう方法である。回答票を集計して値決めをする。いわば、お客に聞くという値決めの仕方である。

競合調査

同業他社の価格を調査して決定する方法である。

いずれにしても、ネーミング、商品パッケージの外観、ブランド力、品質などによって大きく変わるので、一概には言いがたい。

また、高く見せる工夫というのも必要になってくるだろう。そして、高くても売れるものを作っていくことが重要ではないかと思う。

収入の胸算用

これまで見てきたように、ひとつのノウハウや情報があれば、それこそいろいろな種類の情報商品を作ることができる。

- 本からの印税収入……増刷するたびに印税が支払われる
- 雑誌原稿依頼
- 講師依頼
- コンサルティング依頼
- セミナー収入
- セミナーを録画したビデオ、ＤＶＤ、ＣＤなど

・自分の作成したテキストやe―book
・通信講座

これだけ多種類の商品を作るのにも、いまではひとつのデータを使いまわして他の商品を作ることができるようになってきた。Ｗｅｂ作成ソフト、ＤＴＰソフト、ＰＤＦにするソフトなどが連携して相互にデータを使い回すことができるので、その分手間も省ける。

簡単に言うと、印刷物を作ったら、その同じデータを使ってＷｅｂやｅ－ｂｏｏｋを作ったりすることが可能なのである。こうしたソフトを習得するのには時間がかかるが、一度習得してしまえば大変なコストダウンにつながることも事実である。

ではここで、情報起業の売り上げ計算をしてみよう。

たとえば、通信講座テキスト収入を試算してみよう。

基本的に売り上げは、（単価）×（受講者数）×（冊数）で計算される。単価を高く設定できれば、また人数を増やしていくことができれば、経営はずいぶん楽になるのは事実だ。

通信教育テキストが1冊5０００円とすると、これを毎月1冊ずつ1年間で12冊販売していくと、以下のようになる。

5000円×12冊＝60000円

つまり、1人当たり6万円の売り上げである。

ここで生徒が100名いたとすると、

60000円×100名＝600万円

となる。これが1年間の販売額の合計である。

サラリーマンの収入はどんどん減っていって、いまや「年収300万円時代」と言われるまでになってしまった。試算結果では、軽くサラリーマンの年収を越えてしまうどころか2倍になってしまった。

しかも、これは純然たる通信講座テキストだけの販売額である。実際には、このほかにもテキストをe―bookにすれば、さらに収入はアップするだろう。

では次に、利益も試算しておこう。

テキストの利益率は80%以上とすこぶる高い。したがって、先ほどの売り上げに利益率80%を掛けて、

600万円×80（％）＝480万円

これが利益ということになる。

さらに、たとえば年間2回セミナーを開催すれば、セミナー参加料が1人5000円として、30人が参加すると、

5000円×30人＝150000円

つまり、セミナー1回当たり15万円の売り上げである。
これを年間2回開催すると、

15万円×2回＝30万円

のプラスとなる。
何回も繰り返しになって恐縮だが、これはたった1人で始められるのだ。

もしこれだけ収入があれば、リストラされても十分食べていかれるのではないだろうか。しかも、満員電車で毎日通勤し、嫌な上司と顔をつき合わせるというストレスもない。

商品になる「経験」や「知識」を持っている人間は、たとえリストラにあって、放り出されたとしても、その知識を売っていけば十分暮らしていける。

そのうえ、会社にいれば会社のものであった知識や経験からの成果が自分の「私有」になったことから、かえって会社にいたときよりも有名になったり収入が増えることだってあるわけだ。

たった1社に時間を売らなくてもよくなり、通う必要もなくなる。同時に多くの客を相手に知識を売ることができて、あなたは「先生」になるのである。

講座起業の成功パターン

最初はたったひとつの商品から始まる情報起業だが、その後、さまざまな発展を見せる可能性を秘めている。その形はバラエティに富み、人によりさまざまだが、ここで、いくつかの情報起業成功の発展パターンを具体的に示しておきたい。この本ですでに何回も紹介している人の例もあるが、まとめとして読んでほしい。

資格取得数で納得させる経験配分型――西川直樹さんの場合

前述したように、西川さんの職業は行政書士であるが、その他にもFP（ファイナンシャル・プランナー）・宅建・簿記・シスアドなど、25以上の資格・免許を取得し、40代に入ってからの約2年の間に5つの国家試験を取得した〝資格取得の専門家〟。

その独自に編み出した取得法を、興味ある人に向けて、Webとメルマガで「記憶脳の生かし方」「記憶脳の創り方」「あなたの知らない資格戦略」という3冊の小冊子として販売していた。

すごい数の資格の持ち主というだけでなく、切り口が面白い小冊子3冊は、どれも好評である。

取得した資格のひとつ「行政書士」が本職であるが、西川さんの編み出した独特の記憶法はその取得数の多さが、人々を納得させる力を発揮しているだけに、これからチャレンジする人にとっては、貴重な情報となる。

さらに今回、西川さんは小冊子を出版社に送ることで商業出版に成功した。つまり、自分の経験をオリジナルの情報商品として販売され、さらに商業出版になるというパターンだ。

こうしたパターンは誰でも可能である。また、今後ともこのパターンが増えていくことが予想される。

現在、西川さんは本の執筆というつらくも楽しい作業にいそしんでいる。

・独自の法則は、情報として価値が出る
・Ｗｅｂやメルマガで販売できる
・商業出版できる

●複数の収入の設計型――池田博明さんの場合

プロの占い師として25年以上の経験がある池田さんは、占いに関しては、すでに独自のフォーム（型）を持っており、ご自分の占いの手法を、あとから続く占い師を目指す人に向けて講座化しテキストで教えていこうと決めた。

「アスタロ占術」という独自の名前のその占いは、タロット占いと西洋占星術の新しい形の占いである。

池田さんは、お客さんを占うだけではなく、その独自に編み出した占い方法を講座化することで、情報起業もスタートさせたのである。まず、自分のホームページ上で「アスタロ占術協会」を開設し、テキスト12巻も完成させ、Ｗｅｂ上で公開した。

まずここで、実際の占いの収入と講座化したテキストを商品として、お金の流れが２本となったわけだ。

池田さんの場合は、そこからさらに広がりをみせる。

占いのお客さんがお子さんの受験の悩みを、よく相談に来られたことをきっかけに、大学受験というのは、高校生にとってとても重要な意味があると考えた。

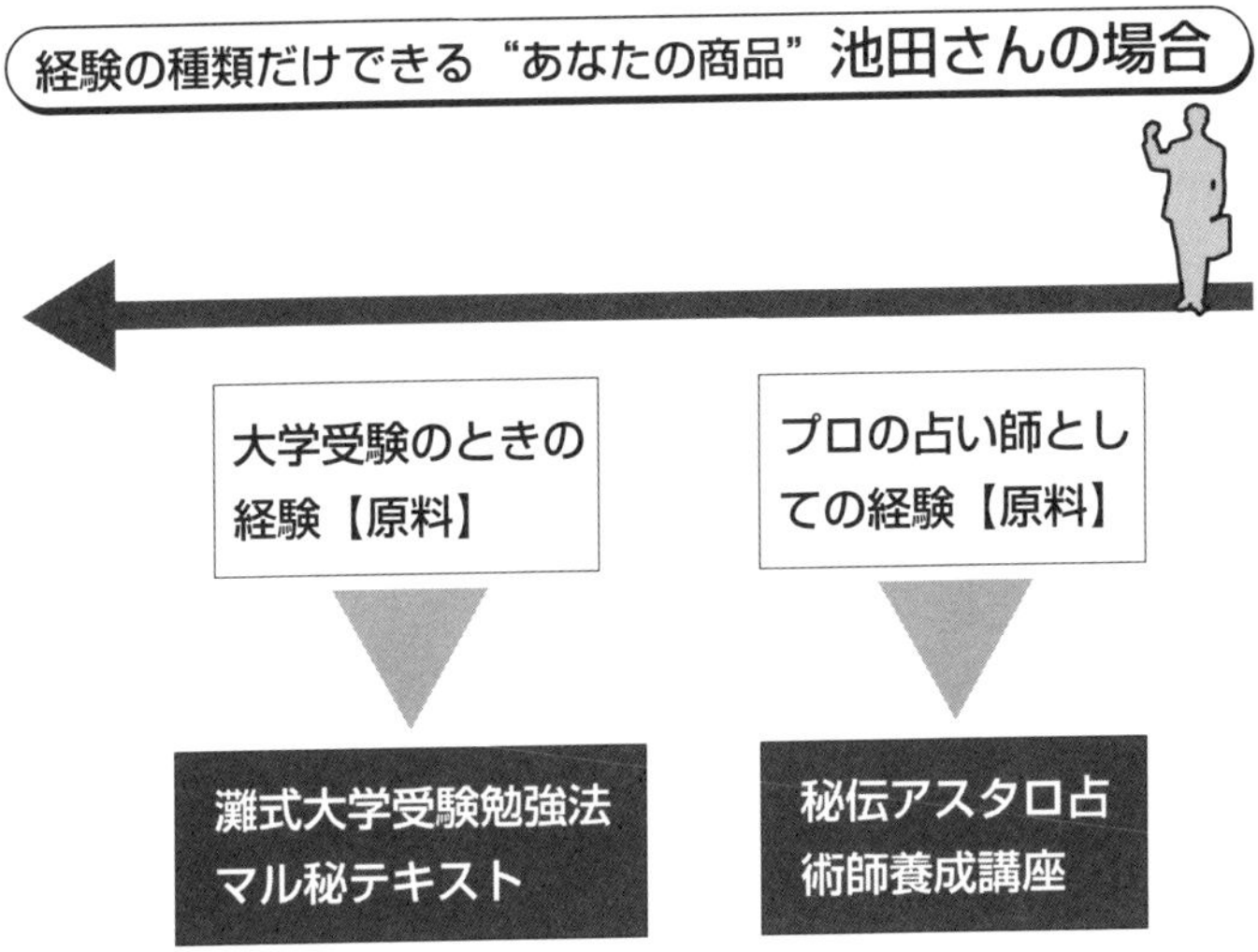

本来なら、正しい勉強法を身につける必要があるのに、学校の先生や塾の先生は、教科は教えてくれるが、勉強方法は教えてくれないことを痛感。

そこで、本当に大切な勉強方法にスポットをあてて、小冊子「灘式大学受験勉強法ガイドブック」とテキスト「灘式大学受験勉強法マル秘テキスト」を書いた。

これは、子供の受験の相談で占いにいらしたお客さん方に売れると言う。

現在の職業や、そこから得た問題点などを講座化し、テキストとしての商品化が複数の収入の流れを作っているケースだ。

・独自性を持たせることにより、自分の職業を情報商品として売る

・多く寄せられる声を逃さず、商品化して売る
・結果的に、収入の流れが増える

●体験開放型――澤田尚美さんの場合

行政書士の澤田さんは、これから資格獲得を目指す人に役立ててもらおうと、一般的によく理解されていない行政書士の仕事内容を紹介する本を書いた。

ストーリー仕立てになっているこの本は、主人公の行政書士右原カンナが、6話にわたって難題を解決しながら行政書士の仕事を完成させていく様子を描いている。涙あり笑いありの話で、依頼人のために奮闘して数々の問題を解決していく物語のなかで、行政書士という仕事の内容が、よく理解できるようになっている。

行政書士の本には、ずばりノウハウを謳ったものが多いなか、独特な手法で書かれたこの本は、特に若い女性に支持される本となったようだ。

出版前から、セミナー講師などを務めていた澤田さんだが、本が出版されてからは、さらに講演依頼が増え、雑誌にも取り上げられるようになり、ますます活動範囲が広がりを見せた。こうした出版効果を実際に体験した澤田さんは、他の人々にもぜひ出版すること

経験の種類だけできる“あなたの商品”澤田さんの場合

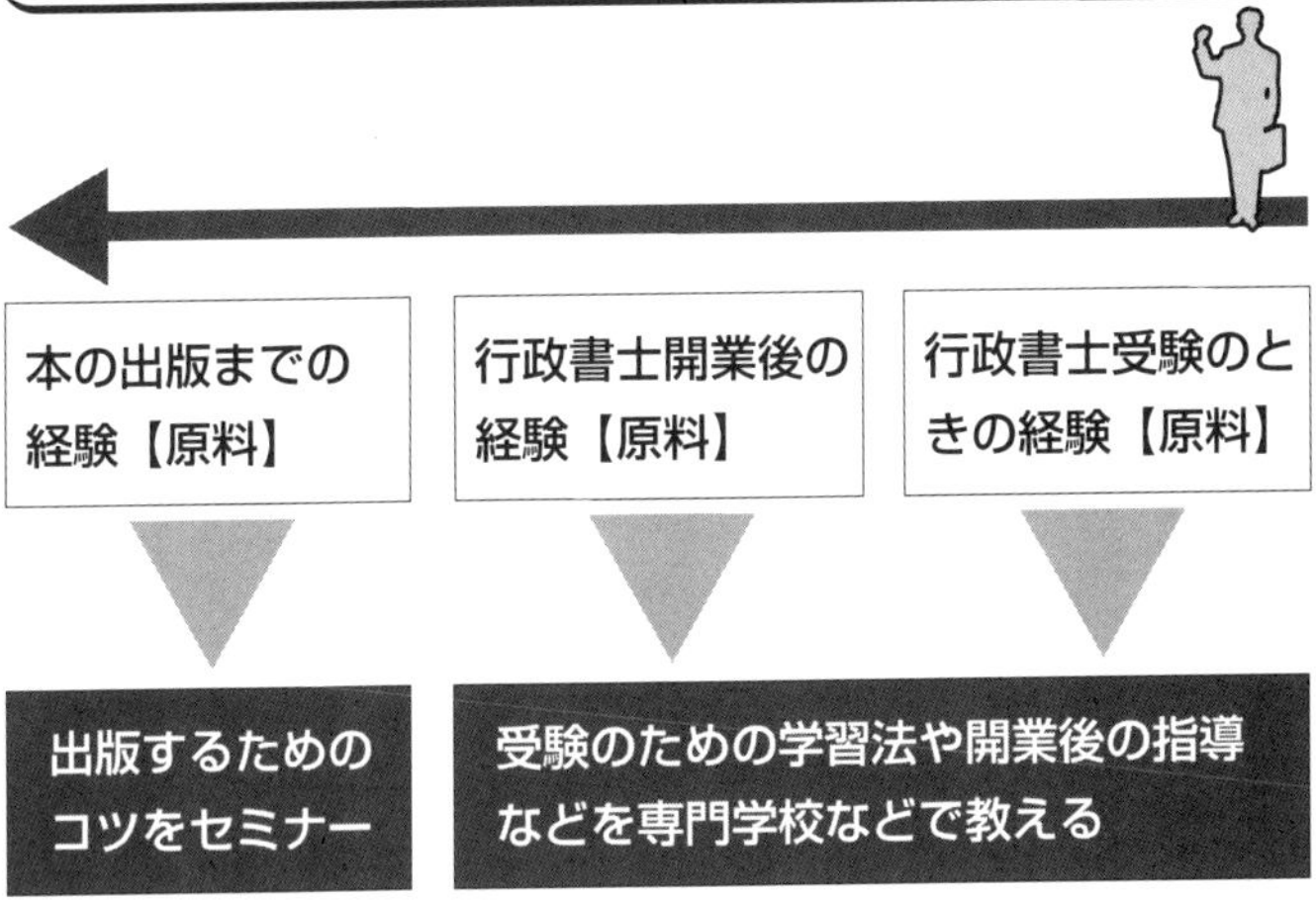

を勧めていきたいと思ったと言う。

それまでは、学生に向けて行政書士や資格などについての講演をしていたが、出版についての講演依頼もくるようになり、さらには出版のコンサルティング的な仕事も始めた。行政書士という自分のビジネスを書いた本の出版体験によって、新たなる新境地を展開していき活躍の幅がより広がってきているということなのだ。

- 自分の仕事内容をこれから続く人に向けて公開する
- 情報公開の方法として本の出版をする
- 出版という体験を通して、新たなセミナーでノウハウを公開する

●──わらしべ長者型──松田綾子さんの場合

1本のわらしべがみかんに替わり反物《たんもの》に替わり、最後には大金持ちの長者となる……。まさしく松田さんは、ひとつのことをやり遂げると、それを活用して次のステップへと活動を展開している。

松田さんは、初めはデパートの地下食料品売り場、いわゆるデパ地下で時給800円のマネキンをやっていた。しかし、スーパーマネキンの異名のとおり、イチゴを7時間で100万円分売り切ったという凄腕のマネキンだった。

イチゴを売り切った販売方法を、「パワーマネキン」と自分プロデュース語を作り、営業のノウハウ本「パワーマネキン式デパ地下・スーパーマーケットの食料品完売マニュアル」として、世に出した。これは、のちに「スゴ腕パワーマネキンが教える！　売れる営業の法則」という2冊目の本につながっていく。

さらに、もうひとつ。

過去に勤めた歯科医院で学んだ経営ノウハウを、パートナーと組んで歯科医向け会員制情報ビジネスである「ナンバーワンデンティストクラブ」として展開している。

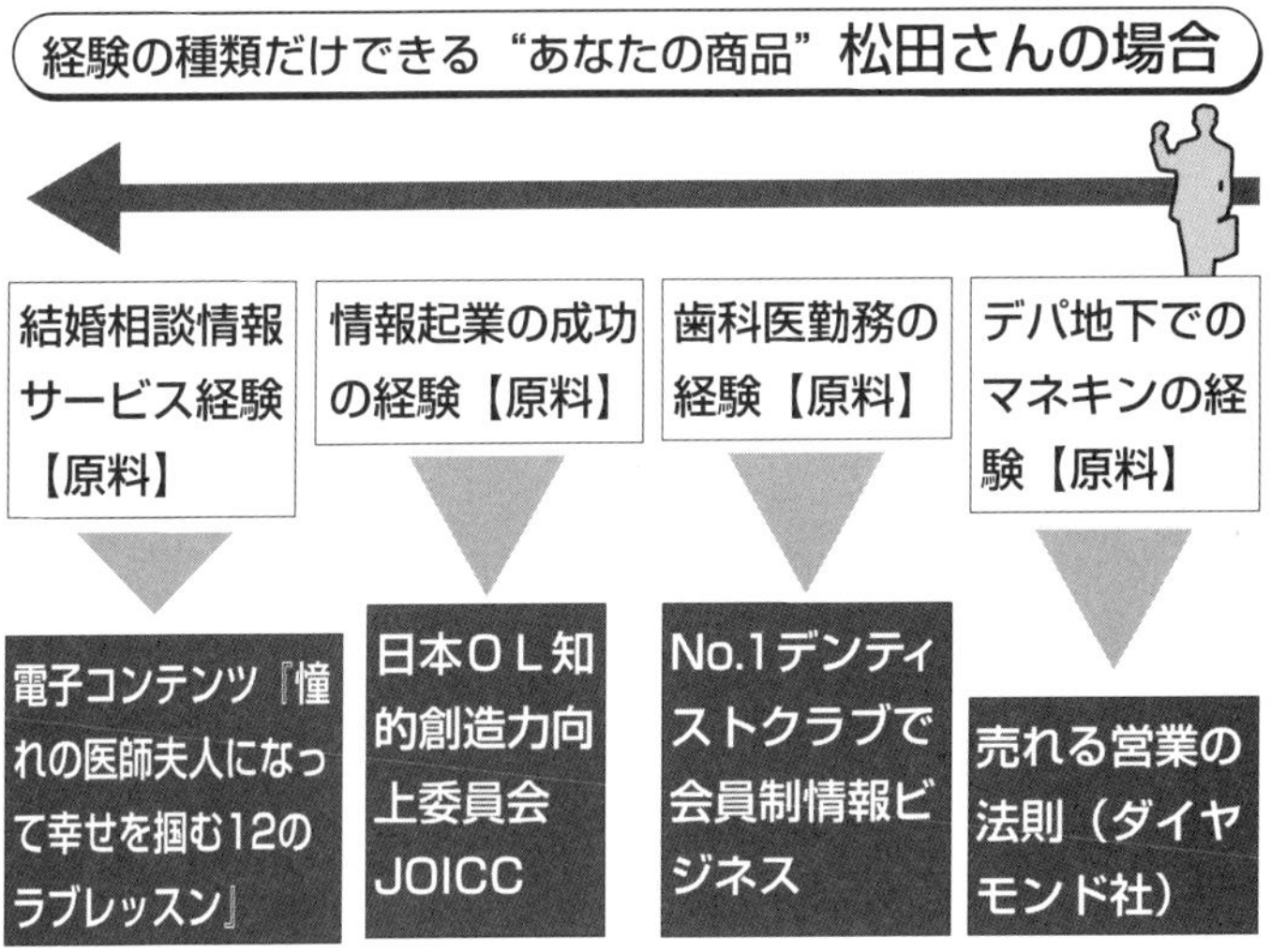

さて、ここからがすごいところだが、営業ノウハウ書の出版、会員制情報ビジネスの成功という2つの実績をさらに新たなるターゲットに販売していく。それが、「30歳までに美貌とお金と幸せを手に入れる仕事術ミリオネーゼセレクション」という女性向けの本である。

これは、成功を目指している女性に向けて書かれたもので、本と同時にジョイック（日本ＯＬ知的創造力向上委員会／ＪＯＩＣＣ）を立ち上げ、若い女性への情報ビジネスを展開している。そのひとつが『憧れの医師夫人になって幸せを掴む12のラブレッスン』というｅ－ｂｏｏｋである。

このように、前の成功を次のビジネスへと展開させていく企画力は重要である。

・自分の特技を、すべて活かす
・経験を本にして出版する
・自分の経験を雪だるまのように大きく転がしていく

引き出しの数だけ情報商品は生まれる

池田さんは、お客のニーズを見事につかみ取り、商品を増やしている。

澤田さんは、新たな経験を積むことで、商品を増やしている。

松田さんの場合は、2つの会員制情報ビジネスを立ち上げている。ひとつは歯科医を対象としたものであり、もうひとつはOLを対象としたものである。相互には何の関連性もない。当人の引き出しが、両方できたということである。

新製品を開発するには、自分の中に常に新しい引き出しを持つことが重要だ。いま現在のビジネスをしながらも、同時にまったく他のことにも関心を持ち、いろいろな引き出しを増やすことによって、次々と新しい商品開発やビジネスの新たな展開が図れる。

このように、情報ビジネスはどんどん本人の経験の広がりとともに増える可能性がある。

そして、前の成功を活かした展開をしていけば、さらなる発展をしていくことが可能になる。

著作権侵害者との闘い

本を出すことで、仕事の上では格段と世界が広がるのだが、いっぽうで負の作用も働く。

それまで気のおけない仲だった友人が、「本を出した」と告げた瞬間から怒り出したり離れていったりする。これは、自分の世界の中で「下」にいたはずの私が相対的に「上」に上がることに我慢がならないからのようだ。結局、その状況に耐えられないから離れていく。

これは仕方のないことだ。

さらには、模倣を誘発する。いわゆるパクリだ。

私の本も、発刊当初はずいぶんとマネされた。あるとき、会員の中から有料の講座テキストそのものをそっくりマネてｅ－ｂｏｏｋを販売する者が現れた。

このときは、さすがにショックだった。Ｗｅｂを見ると「先生起業」という文字が目に入った。私は「知識を売る側が先生になれる講座起業」と謳っていたから、まさかと思って購入してみたら、そのｅ－ｂｏｏｋは完全に私が苦労して作り上げた講座テキストの内容を表現を変えてアイデアを丸ごと写していた。読んでいくうちに、わなわなと怒りで震えたのを覚えている。

結局、この件は双方が弁護士を立てて係争中である。

情報を発信すれば、必ず悪質な者も混じってくる。最初からパクることを目的に入会してくる者もいる。残念ながら、本を書いて情報を発信したり、知識商品を販売していくことには、こうした負の面も生じてしまう。

しかしながら、それらを補って余りある喜びがあるのが情報起業だ。プラス面とマイナス面とを差し引きすれば圧倒的にプラスになる。

会員制情報ビジネスは楽しい循環ビジネス

情報起業というコンセプトが広く受け入れられたことは最初に書いた。だが、現在の情報起業は相手の起業を促進する助けになるものではなく、自分自身の起業のみを視野に入れたものが多いのではないかと思う。

なぜなら、さしたる成果が出たという話を聞かないからである。むろん、なかには驚く

善循環型情報起業ビジネス

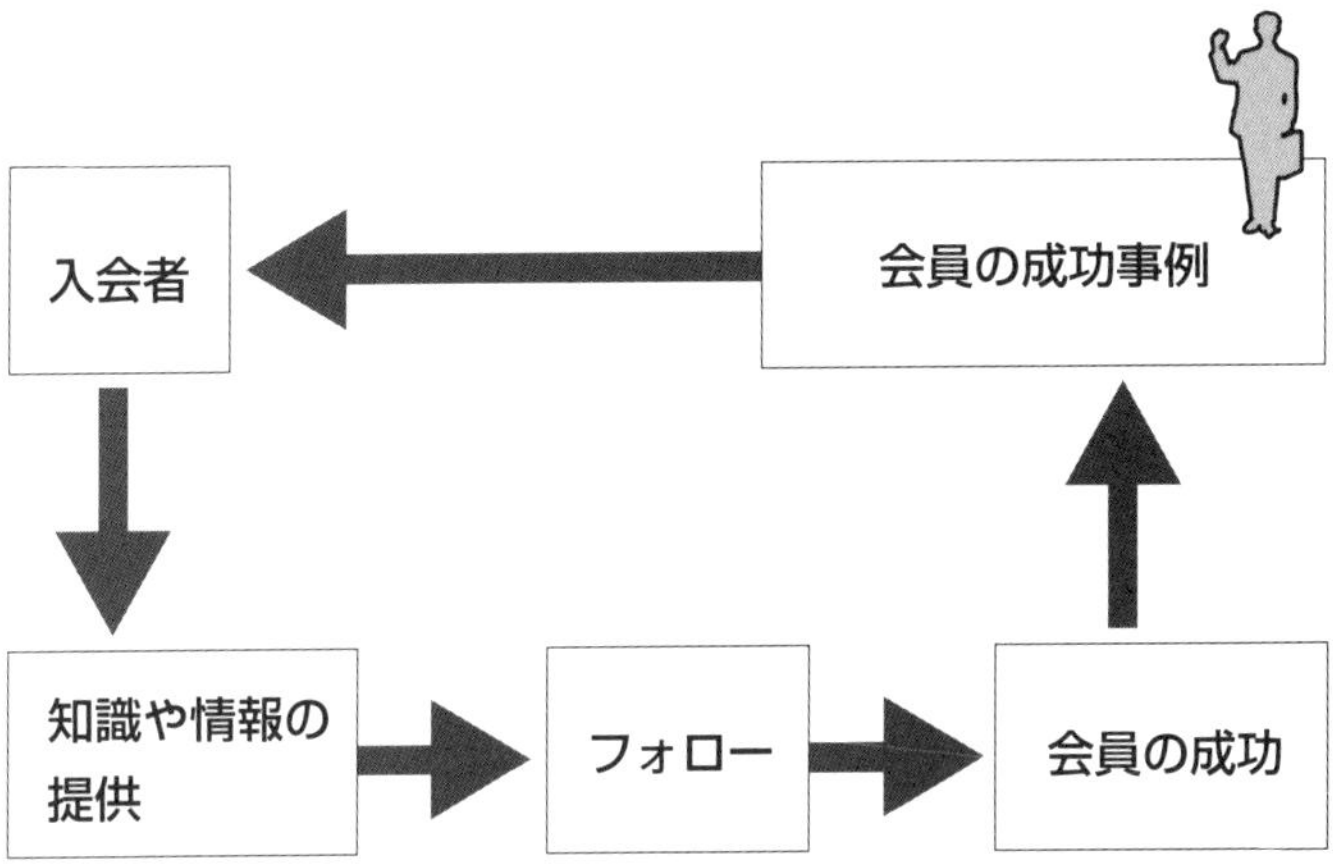

ような貴重なノウハウを提供している事業者もいるが、それでもまだまだレベルの低いノウハウのものが多い。これでは、「情報起業は情報起業というコンセプトを売る商品」と陰口を叩かれても文句は言えないだろう。

自分自身だけが成功者で、肝心の商品の購入者は成功しないのはどうしてなのか？

情報起業とはいえ、ただコンセプトだけを提示するのではなく、顧客ロイヤリティを重視した戦略が重要である。では、どうすれば顧客ロイヤリティが高まり、長期間のリピートを確保できるのかと思われるだろう。

つまり、顧客ケアはどうするのか。それをこれから見ていくことにしよう。

まず、先に説明した質問票や電話相談などのフォローをしていく中で、会員の成功に向けて協力する。最初は、これらのフォローのコストはまったくカネを生まない。だが、そのうち、会員から成功者が出てくる。すると、以下のようにそれを紹介することで優位性を発揮できる。

会員から成功事例が出る→それを紹介する→信用力がつく→ますます栄える

これが**善循環型の情報起業ビジネス**だ。

いっぽうで、安易に飛びつく顧客に売り抜ける、いわゆる焼畑型の売り逃げをすると、どうなるか?

最初はよく売れる。だが、しばらくすると、こうなる。

売れる→だが、事例が出ない→信用力がつかない→先細りになる

他の産業でも、合格者がまったく出ない塾や予備校に入る生徒が少なくなるのは仕方のないことだ。言い古されたことだが、焼畑型のビジネスが短命に終わるのは、こうした理

由からだ。

ただ、売れればいいというものではない。循環していかないと、やがて止まってしまう。評判こそ、最強のマーケティングであり、評判を呼ぶ情報商材を作り続けることこそが、激しい情報起業家競争で勝ち残る最強の戦略だ。

会員制情報ビジネスは、そもそも同好会やサークル、倶楽部のようなものと考えればよいだろう。好きなもの同士、共通の趣味や嗜好を持つ者同士が集まったものだ。

だから、拘束力はほとんどなく、入退会も自由なソサエティである。NPOなどの非営利組織と、非常に性格は近い。

私は、つい数年前までサラリーマンをリストラされた身で、恥ずかしいことにショックで入院までしてしまった人間だが、いまや会員が集まってくれて、しかもその会員が著者としてデビューしたり、新たな会員制ビジネスを立ち上げて成功している。素晴らしいことだ。

自分の小さな経験がタネとなって、他の人が花を咲かせるのを見ることは楽しい。著書を出すと送ってきてくれるし、あとに続く会員にブログ上でアドバイスをしてくれたりする。やはり情報は循環してこそ情報だ。

1人で抱えて秘密にして、自分だけ儲けるという道もあるが、私の場合はこれでよかっ

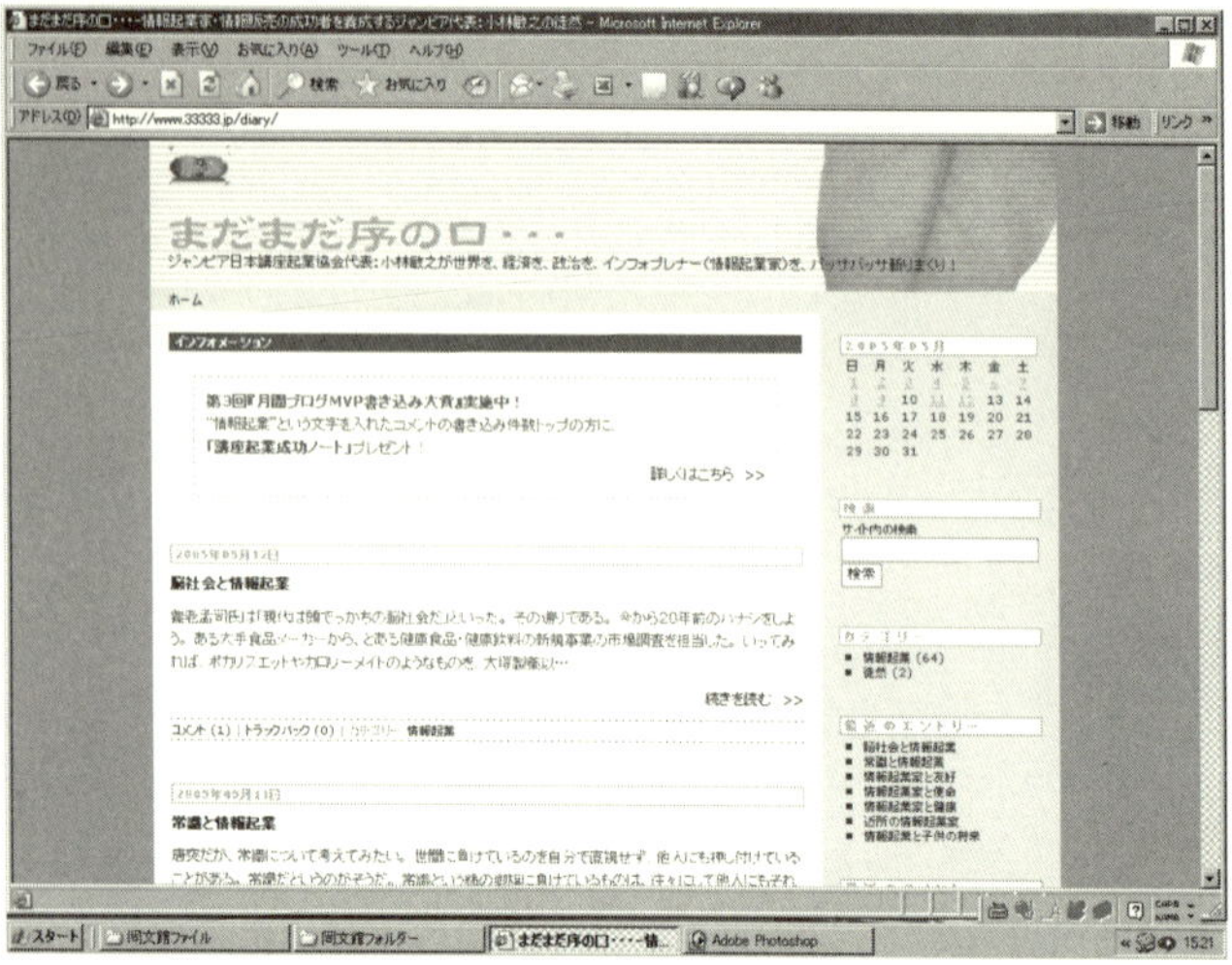

会員と交流できるブログ（http://www.33333.jp）

たと思っている。なによりあとに続いてくれる人がいることが喜びである。

●会員制情報ビジネスと ブログ・コミュニケーション

こうした会員制ビジネスにブログを導入すれば、会員相互が交流でき、さらにお互いの進捗状況などを報告し合うことができ、ますます楽しく運営できる。

なぜブログがいいかと言うと、「ザイアンスの法則」というものがある。ザイアンスの法則とは、以下のようなものだ。

・人は知らない人には、攻撃的、批判的、冷淡に対応する

・人は会えば会うほど好意を持つ
・人は相手の人間的側面を知ったときに好意を持つ

つまり、人は会えば会うほど相手に好意を持ち、そうでない人には一般的に批判的だったり、攻撃的だったりするということだ。カンタンに言うと、コミュニケーションを継続するほど好感度が高まるということになる。だからこそ、会報やブログ、電話、メールのやり取りは非常に重要だと言うことができる。

さらに、会員とのコミュニケーションは自分自身にとっても〝はり合い〟になるだろう。これも、もうひとつの自己実現と言うことができよう。

NPOと会員制情報ビジネス

実は、NPOと会員制情報ビジネスはとても相性がいい。なぜなら、私が指導している会員制情報ビジネスは、そもそものモデルは社団法人の事業を見本としているからだ。

NPOは、その公益的性格から、ともすれば設立時に公的補助金を期待したり、企業の寄付を頼みとして設立されたものが多い。むろん、景気がよいときはそれで間違いではなかった。しかしながら、現在の景気の状態では、企業スポーツなどがどんどん閉鎖に追い込まれているのを見ても、そうしたものを頼っても無駄なことは明白だ。

そこで、会員制情報ビジネスを経営に取り入れることをお勧めしたい。もともと相性がいいのだから、取り入れてもなんら違和感はないはずである。

まずはその前段階として、セミナーや通信講座などを立ち上げてみてはいかがだろうか？　いまの時代は、ボランティア組織や公益団体についても、自立した経営マインドと経営技術が問われる時代になったと言えよう。すべての人が自分で稼ぐことを要求されているのである。

感謝の手紙と至福

いつもなら穏やかなはずの仕事始めの日、私の会はちょっとしたパニックに陥った。「代表！　出版するって年賀状がたくさん来てますよ！」

見ると、本当に「○月に出版します」「出版が決まりました」「□□社から本を出すことになりました」などの文字が躍る賀状が何枚もある。

こ、こんなことが……す、すごいじゃないか！

たった1年で多くの会員が出版にこぎつけ、感謝の手紙を送ってきてくれたのだ。信じられない……。

だが、これはまぎれもない事実だ。

人間は短期間にこちらがビックリするほどの進歩を遂げる。

私は、なにも最後にきてわざわざ自慢をしようと言うのではない。あなたも、こうなると言っているのだ！

つまり、あなたも感謝される、しかも売り上げをあげながら。

あなたの生徒があなたに感謝の手紙を送ってくる！

「教えてくれてありがとうございました」

あなたはその手紙を受け取り、しばし至福のときをかみしめる。しかも、それはボランティアではなく、れっきとした商売であるにもかかわらずだ。

そんなことが本当に起きるのか？

そう、あなたにも起きる。

これは誰にでもできる。

カンタンなことだ。なぜなら、数年前、会社をリストラされた私にできたことだから。

さて、では、最終テストです。

「あなたを雇ってくれるところがまったくないとします。あなたは、そのときどうやって稼げばいいでしょうか？」

よおく考えてください。

失業したら……どこも雇ってくれなかったら、あなたはどうしますか？

どういう方法でお金を稼いだらいいのでしょうか？

ウ～ンと悩まれるでしょうか？

では、質問の仕方を変えてみます。

会社に勤めること以外に、あなたにはどんな「売り物」「商品になるもの」があるでしょうか？

またまた、あなたはウ～ンと悩まれるでしょうか？

「自分には、そんな売れるものなんてない」と答える人もいらっしゃるかもしれません。

では、そう答える方に聞きます。

「本当に会社に勤めるだけしか、あなたには売るものがありませんか？」

この本では、その答えを出したと思います。

常識的には、「失業」は奈落の底と考えられています。でも、もしかしたらそうではないかもしれません。雇われるところがなくなって家にいる。時間がある。これはすごいチャンスかもしれません。奈落の底どころか、大いなるチャンスかもしれません。

なぜなら、あなたには自分の経験をテキストにまとめる時間が与えられたのだから。

エピローグ

「自分の心の中にある夢」を目指すべきときが来た！

結局、大きくとらえると、いままでこの本で言ってきたことすべては、**あなたの人生のプロデュースをする**ということにほかならない。

実は、情報起業というのは、あなたの経験を情報商品にするにとどまらない。あなたの過去ならびに現在、そして未来をもひっくるめて情報にしてプロデュースすることにほかならない。つまり、あなたを丸ごと情報プロデュースするということなのである。

未来も含まれているのだから、自分がこの先どういうふうに登場して、どう展開したいのかも自分で決めて、自分で主体的に〝創造〟していくのだ。

情報起業とは、自分を情報によって〝再創造〟することなのである。そういう意味で、生まれ変わるための、第二の人生をスタートさせるための便利な方法と言える。

会社の地位の階段を上るのではなく、いきなり自分で「私は代表だ」と宣言してしまう――これが、実は情報起業の本質なのかもしれない。

他人が作った階段に人生を預けるのではなくて、自分がいきなり頂点に立つ。これこそが、まさに創造ではないかと思えるのだ。

スペインの天才建築家のガウディは名声をほしいままにし、社交界にデビューしたが、飽きてしまい、自分の存命中は完成しない建築物サグラダ・ファミリア聖堂の建造を始めた。

空海は国家をもクライアントにするほどの智者だった。彼も重用されたのだが、「飽いた」と言って、最後は奥深い高野山にこもってしまった。そして、綜藝種智院を作ってあとに続く人を育てる。

茶道の千利休は、あるとき弟子の大名に言った。

「あなたはもう免許皆伝です。これからはもうあなたの好きに呑んで構いません」

なぜ、こうした話をするのかお話ししよう。

日本はずっと「アメリカに追いつけ、追い越せ」と、アメリカを目標にがんばってきた。いや、明治維新の頃から「西洋に追いつけ、追い越せ」だったのだ。いわば、日本という国は有史以来、外国をベンチマーキングしてきたのである。

ところが、いまはどうだろう。嘆かわしいだろうか？

そうかもしれない。でも、日本はまるで目標には、もう目もくれないように見えないだろうか。

はて、何かと似ていないだろうか？

そうなのだ。社交界に飽きたガウディ、国家の重用に飽きた空海なのだ。

では、どうすればいいのだろう？　そう、千利休ではないが、「免許皆伝だ。これからは好きにやってよい」なのだ。

私たちは、ずっと「○○を目標にがんばれ」と言われてきて、いま「好きにしてよい」に変わりつつあるのだ。

何を言いたいか、そろそろはっきり言おう。

会社でずっと「上を見ろ、偉くなれ」と言われてきて、リストラで「目標がなくなった」、定年退職で「目標がなくなった」。では、どうすればいいか？　そうです。好きにすればいいのだ。

ちょっと乱暴な言い方なので、もう少していねいに説明しよう。

つまり、「目標を持たなくていい」のである。「こうしなきゃいけない」という世界から脱したのだから、自由にしていいのだ。

では、その自由とは？

これは、人によって大きく2つに分かれる。

ひとつは、自分なりの目標を立て（世間的な目標じゃないですよ）、達成できないかもしれないほどの高いものを目指して生きていく。宗教的な生き方と言ってもいいかもしれない。ガウディも空海もこのタイプだ。

もうひとつが、千利休の言うとおりの「もう目標や型を持たないで生きていく」というものだ。

さあ、もうおわかりでしょう？　そうです、自分の「夢」に向かえばいいのである。それは、「上流階級」や「支配階級」「免許皆伝」という、どこかのグループに入れてもらうということではない。言うなれば、自分のたった1人の「夢」とつき合うといった感じだろうか。

さて、いまや会社制度が揺らぎ、リストラ、早期退職制や定年まで勤め上げた人にとっては、そこからの人生が長いのだ。会社では「上へ上へ」と言われてきたが、これからは「上」ではなく、「自分の心の中の夢」を目指すときだ。

自分の外にある基準や物差しではなくて、自分の内にある夢を追うのだ。それは自分1人で始めるものなのだ。

そして、それは永遠だ。いつまでも終わることはない。

あなたに夢があるかぎり。あなたの想いを発信し続けてください。

おわりに

本書は私にとって、2冊目の情報起業本です。

前著の出版以来、類書も多く出版され、「情報起業」という概念自体は急速に浸透してきました。たしかに、一部では常識となったかもしれませんが、社会全体ではまだまだ「情報起業」というものを知らない人が多く、本当に必要としている人は、まだまだ大勢いると思えます。

「喉元過ぎれば熱さを忘れる」ではないですが、マスコミは「景気回復」を連日報道し、まるで失業者も困っている人も1人もいないかのようですが、決してそんなことはありません。ハローワークに行けば、かつての私と同じように多くの失業者が蒼ざめた顔で、不安な目をして並んでいますし、思ったように売り上げがあがらない会社は相変わらず多いのです。

こうした方々の1人でも多くに届くことを願い、私はまた本を書くことにしました。

本書を著したいと思ったもうひとつの理由は、情報起業という方法が広まったのはいいのですが、無責任にあおって勧めるものの一切フォローがなく、売り逃げとも思えるようなものが増えてきたからです。情報起業をビジネスの側面だけから捉え、社会を変える大きな波であるとの認識が足りないと思えて歯がゆかったのです。

何回も言いますが、情報起業はビジネスとしても画期的な手法ですが、社会を変えるという点でも非常に画期的なエポックであると思います。それなのに、情報起業をお勧めしている身からすれば、どんどん本質からそれていってしまい、誰からも見向きもされなくなってしまう危険性があることはとても見過ごせるものではないし、それは社会的に非常に惜しいと思ったからです。

こうしたことから、多少方向性がずれている点を修正したいという気持ちが湧き、微力ながら筆を取ることにしました。

本書を書いている最中にまたうれしい報せが届きました。会員の西川氏の出版デビューが決まったのです。

失業して失意の底から編み出した私の本から、新たな著者が続々と誕生しています。あの頃は、こんなことが起こるなんて想像もしていませんでした。行くアテもなく街中を彷徨っていた元失業者には、望外な神からのプレゼントです。

私は、わが国はじめての情報起業家を養成する「少予算起業長者養成講座」を開講しています。今回は、その会員向けの講座テキストの一部をご紹介しました。みなさんのヒントになれば幸いです。さらに、くわしく学びたい方は、当会宛てにご連絡いただければ、講座案内を無料にて郵送いたします。

講座といっても通信教育制なので、きわめてリーズナブルな会費しかいただいていません。興味のある方は、本書に挟み込まれているハガキに必要事項をご記入のうえ、投函してください。折り返し、無料特別プレゼントテキストに添えて、講座案内を送付することを約束します。混雑することが予想されますので、できるだけ早く請求願います。

なお、お届けには若干の日数がかかることをあらかじめご了承願います。1ヵ月以上たってもお手もとに届かない場合は、遠慮なくご連絡をください。

さて、情報の時代とはどんな時代でしょうか?

それは、自分の好きなものを「この指とまれ」と世に問う時代だと思います。

社会は変わったのです。ごくごく普通の私たち一人ひとりが、情報の発信者になる時代です。あなたの発信に対して、必ずや誰かが「自分も同じだ」と手をあげて賛成してくれるでしょう。そして、同好の士というコミュニティができます。

それが、これからの社会なのです。

ネクスト・ソサエティ……私たちはもう、その中にいます。次(ネクスト)は、あなたが壇上にあがる番です。

小林　敏之（こばやし　としゆき）

1959年東京生まれ。明治大学法学部卒。新聞社にて入社1年目でコラムを連載。その後、市場調査会社矢野経済研究所にて、一部上場企業から公益団体にいたるまで、新規参入や新規事業など数多くのプロジェクトリーダーを務め、「10年に1人のリサーチャー」と呼ばれる。外部スタッフとして独立後、請われて日本能率協会グループの社団法人の調査企画担当として入職。数多くの報告書を刊行するとともに、コンサルタントとして、セミナー講師、雑誌執筆、委員会、イベント運営の他、新規事業担当として情報事業を数多く開発した。全国400工場のパネルサーベイは、所管の通産省（現・経済産業省）および日本銀行短観の参考資料ともされた。その後、富士通やNECと協力して、製造会社から分離独立した小企業の売上げを飛躍的に伸ばすプレゼンテーション販促法を開発し、独自の境地を開拓した。

1998年独立、国内初の情報起業家育成団体ジャンピア日本講座起業協会（Japan United Management Parties Utopia）を設立。

『1人ビジネスらくらく起業法』（あさ出版）により、日本人の著者によって初めて「情報起業（インフォプレナー）」というビジネスを国内に紹介、現在の情報起業ブームを起こす。小企業の売上げを飛躍的に伸ばした体験をとおして、個人起業家がリスクなく最短・少資金で最大の利益が得られるように数々の手法を研究し、独自の起業法として体系化。これを「講座起業」と提唱して、普及、教育指導に精力的に活動し、新たな知識時代の起業家育成に努めている。現在、会員からビジネス書の著者が続々と誕生し、新たな情報起業家を輩出している。

TEL　03-3956-5144
URL：http://www.33333.jp

あなたの「経験」を「通信講座」にして稼ぐ法

平成17年8月8日　初版発行

著　者　小　林　敏　之
発行者　中　島　治　久

発行所　同文舘出版株式会社
東京都千代田区神田神保町1-41　〒101-0051
電話　営業03(3294)1801　編集03(3294)1803
振替　00100-8-42935　http://www.dobunkan.co.jp

ISBN4-495-56841-8

印刷／製本：壮光舎印刷
Printed in Japan 2005